Pierre-Marie Giraud,
avec les commandants du GIGN

# LE GIGN PAR CEUX QUI L'ONT COMMANDÉ

L'insigne sur la couverture du livre représente le brevet du GIGN :

- Le cercle, figure géométrique sans début ni fin, symbolise la cohésion des sous-officiers et officiers du GIGN.
- Le réticule (viseur) représente le tir et l'esprit du tir, c'est-à-dire le respect de la vie.
- Le mousqueton, c'est l'escalade et l'hélicordage.
- Le parachute, c'est l'appartenance du GIGN aux troupes aéroportées.
- La couleur représente l'activité de plongeurs opérationnels.

Pierre-Marie Giraud,
avec les commandants du GIGN

# LE GIGN PAR CEUX QUI L'ONT COMMANDÉ

MAREUIL
ÉDITIONS

Parus chez Mareuil Éditions

- *Dans le secret de l'action*, Jean-Louis Fiamenghi et Franck Hériot, 2016, et "En poche" 2021.
- *Patron du Raid*, Jean-Michel Fauvergue et Caroline de Juglart, 2017.
- *Le Raid – Comment manager une unité d'élite ?*, Jean-Michel Fauvergue, 2018.
- *Arnaud Beltrame, L'héroïsme pour servir*, Pierre-Marie Giraud, préface de Denis Favier, 2018.
- *La Voix du Raid*, Tatiana Brillant, 2019.
- *Histoire du Raid illustrée*, Ange Mancini et Charles Diaz, 2019.
- *GIGN-RAID, deux patrons face aux nouvelles menaces*, Jean-Michel Fauvergue et Thierry Orosco, 2020.
- *Unités d'élite, le coffret*, avec Ange Mancini, Charles Diaz, Danielle Thiéry, 2021.
- *Top Action face aux crises*, Denis Favier, Jean-Louis Fiamenghi, Guillaume Farde, 2022
- *Chef de guerre*, version augmentée, Louis Saillans, 2022.
- *Pris en otage*, un agent du service action raconte, Pierre Martinet, 2022.
- *Les anges gardiens du 36*, J. Milgram et JC Sanchez, 2023.

**Les douze commandants du GIGN, qui ont participé à cet ouvrage en s'entretenant avec l'auteur, ont demandé que tous leurs droits d'auteur soient reversés à la Fondation Maison de la Gendarmerie.**



ISBN 978-2372543200
Pour vous tenir informé des prochaines publications de Mareuil Éditions, rendez-vous sur : www.mareuil-editions.com

## Sommaire

# Introduction

Qui n'a jamais rêvé de pénétrer au cœur d'une unité d'intervention comme le GIGN ? Qui n'a jamais rêvé de glisser ses pas dans ceux d'un guide pour lequel aucun rouage de cette machine de haute précision n'avait de secret ? Et si ce n'était pas un, mais plusieurs guides qui vous emmenaient dans les arcanes d'un groupe devenu mythique depuis sa création en 1974 ? Et si ces guides étaient tout simplement les anciens patrons du GIGN, ces douze chefs[1] qui ont tous répondu « présent » ? Sans eux, ce livre inédit n'aurait pas vu le jour. Leurs témoignages, leurs confidences, et pour certains leurs révélations, constituent une pièce essentielle dans la compréhension de cette unité d'élite, très célèbre mais aussi mal connue.

Pendant des heures d'entretiens sans langue de bois, ces anciens patrons ont remonté le fil de leurs souvenirs, depuis leur passage dans les grandes écoles militaires, leur entrée dans la Gendarmerie puis au GIGN, leurs opérations et les évolutions de l'unité. Ils reviennent aussi sur les raisons de leur engagement, leur manière de commander, les obstacles auxquels ils ont pu se heurter, leurs regrets et leurs satisfactions.

Après le GIGN, certains ont poursuivi leur carrière dans la Gendarmerie. D'autres ont entamé une deuxième vie dans le secteur privé, à des lieues de leur carrière militaire. Mais tous

1. *De 1974 à aujourd'hui, le GIGN a connu douze chefs, mais onze officiers, puisque Denis Favier a commandé à deux reprises l'unité.*

gardent un lien quasi charnel avec le groupe. Ils sont présents aux hommages rendus aux morts de l'unité en opération ou à l'entraînement. D'autres défendent le GIGN lorsqu'il est mis en cause.

« S'engager pour la Vie » Aucun officier ou sous-officier n'a fait mentir la devise de l'unité. Une maxime respectée au moment de l'engagement et après le départ du groupe. Car les anciens patrons ne se désintéressent jamais totalement du « GI[2] ». Ils ne se mêlent pas de la vie quotidienne et des évolutions du GIGN, mais n'hésitent pas à faire savoir discrètement leur désaccord quand ils estiment que l'ADN de l'unité est menacé.

Appartenir au GIGN, c'est d'abord faire partie de la grande famille de la Gendarmerie, de ses 130 000 actifs et réservistes. C'est ensuite la fierté d'avoir atteint un très haut niveau de compétence et d'appartenir à un groupe qui est sans doute ce qui se fait de mieux dans le domaine de l'intervention en Europe. Un groupe respecté dans le monde entier par ses pairs.

C'est aussi, pour chaque gendarme du GIGN, la certitude que tous les moyens lui ont été donnés pour parvenir au maximum de ce que l'on peut attendre de lui en intervention, quelle qu'elle soit. Pour le GIGN, il n'y a pas de petite et de grande intervention. Il y a des interventions, certaines plus simples et d'autres plus complexes. Comment savoir si derrière la porte, le forcené ou le terroriste ne va pas ouvrir le feu à bout portant avec une vieille pétoire ou un fusil d'assaut ?

Le gendarme s'engage donc pour la vie, comme le dit la devise de l'unité. Pour sauver la vie de l'otage, celle du camarade blessé et même celle du forcené. Une fois le « top action » donné, il avance coûte que coûte. Si un gendarme est touché dans la

2. *Les anciens et les actifs de l'unité emploient généralement les termes « GI » ou « Groupe » plutôt que « GIGN ».*

vague d'assaut, il est remplacé par l'un de ses camarades pour que ses équipiers puissent continuer à avancer. C'est cette puissance collective qui permet de bousculer l'adversaire, de prendre l'ascendant sur lui.

L'ADN du GIGN, c'est aussi l'obligation ressentie par ces frères d'arme d'améliorer sans cesse le niveau de leurs capacités physiques, mentales et techniques. C'est également un suivi permanent des risques et des menaces que recèle notre monde, et la mise en œuvre de parades pour les contrer. C'est enfin un besoin vital d'innovation et de veille technologique grâce à leurs camarades de la division technique : armement, protections des personnels, capteurs (comme les robots, les drones, les micros, les caméras) et brouilleurs – ainsi que leurs camouflages – pour les missions d'intervention, de renseignement et de contre-mesures électroniques.

Si la plupart des missions sont réalisées au profit des unités de gendarmerie, il arrive au GIGN de s'engager aux côtés d'autres unités nationales, comme la Légion étrangère à Loyada en 1975, les forces spéciales en Afghanistan au cours des années 2000, ou encore les commandos marine lors de la prise d'otages du Ponant en 2008, au large de la Somalie.

Autre mission du GIGN à l'étranger, la sécurité des diplomates et des locaux en liaison avec la Direction de la sécurité diplomatique (DSD) du Quai d'Orsay, sans oublier la coopération bilatérale avec ses homologues étrangers d'une trentaine de pays des cinq continents, et enfin la coopération multilatérale européenne notamment au sein du groupe Atlas.

Ce sont toutes ces missions, toutes ces opérations, des plus retentissantes aux plus secrètes, que nous allons découvrir avec les patrons du GIGN. Cinquante ans dans le secret de l'action. Cinquante ans au cours desquels les tactiques, les équipements et l'armement ont considérablement évolué. Cinquante ans d'une exploration unique au sein d'une unité d'intervention dont la réputation a très largement dépassé nos frontières.

# Chapitre I

## L'engagement

G.I.G.N. : quatre lettres synonymes d'engagement, de courage et d'excellence connues aujourd'hui dans le monde entier.

Souvenez-vous. C'était le 26 décembre 1994 sur l'aéroport de Marseille-Marignane où un avion d'Air France, aux mains d'un commando islamiste, s'était posé quinze heures plus tôt. Il est 17 h 12. Une passerelle motorisée se colle sur la porte avant droite de l'Airbus A300. La porte s'ouvre difficilement. Sous le feu des quatre terroristes retranchés dans le cockpit, les gendarmes se ruent à l'intérieur de l'appareil. Cette séquence très forte, retransmise en différé par la toute nouvelle chaîne d'information en continu LCI, fera le tour du monde. La photo du gendarme ouvrant la porte de l'appareil à ses équipiers, prise par le photographe de l'AFP Georges Gobet, sera le lendemain à la une de centaines de quotidiens dans le monde.

Derrière ces images, il y a toute la détermination et le courage de ces gendarmes qui libérèrent les 173 otages sains et saufs, et neutralisèrent les quatre terroristes.

Derrière ces images, il y a la puissance collective du groupe et l'initiative personnelle du gendarme pilotant la passerelle, qui a le réflexe de reculer très légèrement pour permettre l'ouverture de la porte.

Derrière ces images, il y a des heures d'entraînement, des centaines d'opérations contre des forcenés et une réflexion permanente sur les modes opératoires.

Derrière ces images, il y a aussi du sang, de la sueur et des larmes. Vingt-et-un gendarmes du GIGN, et des deux unités (GSPR et l'EPIGN) qui seront rattachées au GIGN en 2007, sont morts entre 1974 et 2023 en opération et à l'entrainement. Des dizaines ont été blessés.

Derrière ces images, il y a surtout des sous-officiers et des officiers, sélectionnés et formés à la dure, passionnés par leur métier, qui ne vivent que pour le « Groupe » ou le « GI », comme ils disent. Ils ressentent l'obligation de se dépasser en permanence, de développer leurs compétences physiques et techniques. Ces officiers et ces sous-officiers, de vrais frères d'armes, sont fiers d'appartenir à l'une des meilleures unités d'intervention au monde.

Certains en rêvaient depuis leur adolescence, d'autres l'ont découvert à l'occasion d'une rencontre, d'autres n'y avaient même pas songé. Vocation ou pas, le commandement du GIGN est loin d'être une sinécure et s'apparente plutôt à un sacerdoce. Le patron de l'unité ne compte pas ses heures, interrompt ses permissions en cas de crise, et passe davantage de temps avec ses hommes qu'avec sa femme et ses enfants. Commentant la préparation de ce livre, l'épouse d'un des chefs de l'unité avait suggéré à l'auteur : « Et pourquoi pas un autre livre sur les femmes, cette fois-ci sur celles qui ont épousé un commandant du GIGN ? »

Les commandants du GIGN – à deux exceptions près – ne sont pas affectés directement à la direction de l'unité. Après l'obtention de leur brevet, ils y effectuent au moins un premier séjour, retournent prendre un autre poste en gendarmerie avant de revenir à Satory, siège du GIGN. Ils ont ainsi plusieurs années de présence dans l'unité avant de la commander.

Le GIGN est une unité d'élite, composée d'hommes triés sur le volet après une sélection impitoyable. Une sélection à laquelle ont été soumis aussi ceux pressentis pour diriger un jour ce groupe. Un itinéraire unique qui se conjugue avec l'excellence et représente un challenge pour tout officier qui rêve d'intégrer une unité opérationnelle aux missions multiples et variées. C'est ce qui a sûrement, entre autres choses, motivé les douze chefs du GIGN, à commencer par Christian Prouteau, père fondateur et premier commandant (1974-1982) de l'unité.

Tout commence le 24 août 1973. Ce jour-là, le commandant de la gendarmerie mobile d'Île-de-France lui demande de mettre sur pied une unité d'intervention dans un délai de six mois. Mission accomplie le 1er mars 1974[1].

« Ce 24 août 1973, je suis donc convoqué par le général Héraud qui m'annonce que je suis muté à Maisons-Alfort pour créer une unité spécialisée dans les prises d'otages, les arrestations de forcenés, et pouvant répondre, le cas échéant, à des attaques terroristes comme celle de Munich. Il me dit : "Faites-moi une note résumant ce que je viens de vous dire pour définir les missions de cette unité." Il me demande de lui faire une autre note pour lancer un appel à volontaires, qui sera rédigée le 15 septembre 1973. Il y a eu une cinquantaine de volontaires. J'en ai sélectionné dix-sept. Nous avons entamé la formation dès le 3 novembre 1973 car nous avions l'ordre d'être opérationnel le 1er mars 1974. »

Philippe Masselin, successeur de Christian Prouteau comme patron de l'unité (1982-1986), avoue : « À mon arrivée dans la mobile, je ne connaissais pas grand-chose sur le GIGN et mon choix ultérieur d'y aller a été guidé par le goût de la découverte

1. *Entretien avec l'auteur, le 13 février 2023 à Paris.*

et de l'aventure. »[2] En 1979, à sa sortie de l'école de Melun, après le Prytanée militaire de la Flèche et Saint-Cyr (1975-1977), il avait été affecté à l'EGM[3] 2/9 d'Argentan (Orne) comme chef de l'Équipe légère d'intervention (ELI) de l'escadron car il était instructeur commando. En déplacement au printemps 1980 en Nouvelle-Calédonie, Philippe Masselin rencontre un officier de la direction de la gendarmerie qui lui dit : « Le GIGN cherche à recruter un officier dès cet été. Votre nom est apparu sur fiche. Accepteriez-vous de servir dans cette unité après avoir passé les tests ? » Philippe Masselin rejoint le GIGN (brevet n° 34) à Maisons-Alfort, fin juin 1981.

Ancien commando marine et instructeur commando, Philippe Legorjus (1986-1989) est d'abord passé[4], à sa sortie de Melun, par l'escadron parachutiste de Mont-de-Marsan en 1980, avant de rejoindre, le 1er août 1982, le GIGN à Satory (brevet n° 63).

« Le GIGN m'est tombé dessus car je n'y avais absolument pas pensé au début de ma carrière militaire »[5], se souvient Lionel Chesneau (1989-1992). C'est lors d'un stage à Baccarat (Meurthe-et-Moselle), à l'automne 1981, qu'il rencontre le capitaine Paul Barril, commandant en second du GIGN. Celui-ci lui glisse : "Le GIGN, ça vous intéresse ?" Lionel Chesneau hésite. "Quand j'annonce à mon colonel, commandant le groupement de Gendarmerie mobile de Lorraine, que je souhaite passer les tests d'entrée, il me dit 'Le GIGN, pour votre carrière, ce n'est pas terrible. Vous vous mettez quand même dans une situation un peu compliquée.'" » Finalement, Lionel Chesneau intègre le GIGN en août 1982 (brevet n° 64).

---

2. *Entretien avec l'auteur, le 15 mars 2023 à Satory.*
3. *Escadron de Gendarmerie mobile.*
4. *Entretien avec l'auteur, le 20 mars 2023, près de Quimper.*
5. *Entretien avec l'auteur, le 5 mai 2023 à Roissy.*

## La corniche Lyautey, pépinière des futurs chefs du GIGN

Six sur les douze chefs du GIGN ont préparé Saint-Cyr à la corniche Lyautey du lycée militaire d'Aix-en-Provence. Il s'agit de Denis Favier, Éric Gérard, Frédéric Gallois, Thierry Orosco, Laurent Phélip et Ghislain Réty. Le mot « corniche » désigne les classes préparatoires des lycées civils et militaires au concours d'entrée à l'École spéciale militaire (ESM) de Saint-Cyr.

Denis Favier, le seul des douze patrons du GIGN à l'avoir commandé à deux reprises (1992-1997 et 2007-2011), s'était préparé à passer les tests alors qu'il était lieutenant à l'EGM 8/17 de Baccarat. De retour d'un déplacement en Nouvelle-Calédonie en 1987, il apprend que les tests de sélection sont passés et que deux officiers ont été choisis. « Le ciel me tombe sur la tête. »[6] Denis Favier, après un passage comme instructeur à Saint-Cyr, intègre finalement le GIGN en 1992. Il est nommé directement commandant de l'unité avant d'avoir passé les tests de sélection et la formation (brevet n° 153). Une situation inédite qui rendra très délicate son intégration. Selon l'usage qui prévalait depuis 1974, les officiers devaient suivre le cursus suivant pour pouvoir éventuellement commander le GIGN : passer les tests d'entrée, suivre la formation, être breveté, effectuer au moins un premier passage au GIGN comme officier adjoint, et revenir au GIGN pour en prendre le commandement.

« À ma sortie de Saint-Cyr en 1987, j'ai choisi la Gendarmerie parce que l'Arme offrait davantage de commandements que l'armée de Terre et un engagement concret au contact des réalités de la société »[7], dit Éric Gérard, commandant du GIGN de 1997 à 2002. Ce Vosgien a eu « la vocation des armes dès la 3$^{e}$ » et

6. *Entretien avec l'auteur, le 3 juillet 2023, à Paris.*
7. *Entretien avec l'auteur, le 8 juin 2023 à Paris.*

à Saint-Cyr, il découvre le GIGN en lisant le livre *Missions très spéciales* (Presses de la Cité, 1984) de Paul Barril. Le célèbre capitaine lui remettra d'ailleurs son brevet (n° 134).

## Saint-Cyr ou la voie royale

Neuf des onze officiers qui ont commandé le GIGN sont saint-cyriens. Quatre sont même « sortis dans la botte » de la prestigieuse École spéciale militaire (ESM), c'est-à-dire dans les 5 premiers, ce qui leur a permis de choisir leur arme. Traditionnellement, une partie des meilleurs cyrards prennent la Gendarmerie. Ils feront ensuite une année de scolarité à l'École des officiers de la gendarmerie nationale (EOGN) de Melun. Christian Prouteau est passé par l'École militaire interarmes (EMIA) qui forme les officiers issus du recrutement interne. Philippe Legorjus est entré directement à l'École des officiers de la Gendarmerie de Melun en seconde année, après avoir passé le concours d'officier de réserve sur titre (ORT), accessible aux titulaires d'un 3ᵉ cycle universitaire.

*Missions très spéciales* sera également à l'origine de la vocation de Frédéric Gallois (brevet n° 163), patron du GIGN de 2002-2007. « J'ai pris la Gendarmerie à ma sortie de Saint-Cyr parce que j'estimais que c'était le seul corps très engagé dans l'action et, en particulier, le GIGN. »[8] Le livre de Paul Barril, avec sa photo en couverture où il porte un chèche, « m'avait fasciné et je me dis : le GIGN, c'est exactement ce que je veux faire. »

Thierry Orosco, chef de 2011 à 2014, était à la recherche d'une « aventure humaine » au GIGN[9], qu'il intégrera en septembre 1987 (brevet n° 117).

8. *Entretien avec l'auteur, le 14 juin 2023 à Marseille.*
9. *Entretien avec l'auteur, le 17 avril 2023.*

« Tout petit, je voulais être gendarme »[10], confie Hubert Bonneau, patron du GIGN de 2014 à 2017. D'abord officier adjoint en 1991 à l'escadron parachutiste d'intervention de la Gendarmerie nationale avec le brevet EPIGN n° 313[11], puis chef de l'EPIGN de 1995 à 1998. Après le commandement de la compagnie des Îles du Vent à Tahiti, celui de la section de recherches de Rennes et celui du groupement départemental de la Corse du Sud, il revient à Satory en 2011. Mais cette fois-ci comme commandant en second du GIGN avant d'être nommé, trois ans plus tard, à la tête de l'unité.

Laurent Phélip, le successeur d'Hubert Bonneau se serait bien vu, après Saint-Cyr, porter le béret vert de la Légion ou le béret bleu des troupes de la Marine. Finalement, sur la fin de sa scolarité à Coëtquidan, il choisit la Gendarmerie pour partir outre-mer. « Je ne pensais pas au GIGN comme Frédéric Gallois de ma promotion à Saint-Cyr, qui, lui, y pensait beaucoup. Et, comme il était doté de capacités physiques hors du commun, je ne me voyais pas rivaliser avec lui lors des tests ! »[12] Pourtant, l'idée du GIGN se dessine peu à peu et va prendre un chemin imprévu. Fin 1993, Laurent Phélip, alors à l'EGM 16/7 de Baccarat où il forme les équipes légères d'intervention (ELI) des escadrons de gendarmerie mobile, reçoit un coup de téléphone d'un officier du Groupe de sécurité de la présidence de la République (GSPR). Celui-ci lui propose de passer les tests de sélection du GSPR. Pendant que son escadron s'envole pour la Guyane, il entame quatre mois de préparation aux tests du GSPR en compagnie de Jean-Louis Prianon qui, lui, veut passer ceux du GIGN[13]. Laurent Phélip intègre finalement le GSPR (brevet n° 151) en 1994. Pas de chance ! Jacques Chirac, qui vient d'être élu à l'Élysée, décide de diviser les effectifs du GSPR

10. *Entretien avec l'auteur, le 10 mai 2023 à Rennes.*

11. *Les anciens de cette unité ont conservé leur numéro de brevet quand ils ont intégré le GIGN, refondu en 2007.*

12. *Entretien avec l'auteur, le 17 avril 2023 à Paris.*

13. *Premier membre du GIGN tombé en mission, le 23 juin 1997, lors d'une opération contre un forcené dans la Drôme.*

(alors uniquement composé de gendarmes) par deux. Le GSPR comptera 25 policiers et 25 gendarmes. Laurent Phélip est mis sur la touche, mais pas très longtemps puisqu'il décide de passer les tests d'entrée au GIGN. Il sera finalement breveté GIGN en juin 1995 (brevet n° 178).

« Dès l'âge de 15 ans, je voulais entrer au GIGN »[14], raconte Ghislain Réty, patron du GIGN depuis l'été 2020. Il est admissible en 1990 à l'École navale et à l'École de l'air, mais pas à Saint-Cyr. L'année suivante, il fait le grand chelem : Saint-Cyr, École navale, École de l'air et... Polytechnique. « On me dit qu'il n'y aura jamais de polytechnicien au GIGN et je décide de passer uniquement l'oral de Saint-Cyr », confie Ghislain Réty. Sorti deuxième de l'École spéciale militaire (ESM) en 1994, il passe un an à l'École des officiers de Melun, et entre au GIGN en juin 1996 (brevet n° 180). Il alterne ensuite les passages au GIGN et les commandements de terrain, et ceux à la direction de la Gendarmerie, avant de prendre la direction du GIGN le 1er août 2020. Il est le douzième chef du GIGN.

À l'évidence, pour chacun des onze officiers qui ont dirigé cette unité, le GIGN est bien plus qu'un groupe d'intervention. Quand on rêve, adolescent, de l'intégrer un jour, cela confine évidemment au mythe. Être sélectionné – c'est vrai pour tous les candidats officiers et sous-officiers –, c'est l'assurance de rejoindre une famille, une fratrie, de participer à une histoire unique que chacun de vos actes permettra d'enrichir en ajoutant une pierre à un édifice qui vous dépasse.

14. *Entretien avec l'auteur, le 7 juillet 2023.*

# Chapitre II

## L'épreuve ultime

Un peu à l'image de l'écuyer autrefois adoubé par la lame de l'épée sur ses épaules pour signifier son passage dans la chevalerie, trois moments solennels marquent l'admission au sein du GIGN. Il y a d'abord la remise du revolver Manurhin MR-73, arme historique de l'unité. Puis il y a le tir de confiance, un tir à balle réelle à une distance de 15 mètres, sur une cible en argile placée sur le gilet pare-balles d'un camarade de la promotion. Autant dire qu'il faut une confiance aveugle envers celui qui appuie sur la queue de détente ! Cette même confiance dont il faudra faire preuve en intervention. Enfin, il y a l'attribution du brevet en présence de grands anciens du groupe. L'écu, en quelque sorte, qui accompagne la lame, en l'occurrence le Manurhin.

Ce rite est l'aboutissement de plus d'un an d'efforts, de ténacité et de courage. En cinquante ans, les critères de sélection et les modalités de formation sont restés quasiment les mêmes. Aujourd'hui, il faut compter quatorze mois de formation et de spécialisation pour intégrer l'une des trois forces opérationnelles : Force intervention (FI), Force observation recherche (FOR), Force sécurité protection (FSP). Mais il y a beaucoup d'appelés et peu d'élus puisqu'en moyenne, un candidat sur quatorze est retenu.

Avant de se présenter aux tests de sélection, il faut déjà remplir quatre conditions : être officier ou sous-officier de gendarmerie, posséder au moins quatre ans d'expérience dans l'Arme, être âgé de 24 à 34 ans, être apte à la pratique du parachutisme.

Deux fois par an, la Gendarmerie diffuse dans toutes les unités un appel aux volontaires – hommes et femmes, officiers et sous-officier – pour passer les tests de sélection. Ils concernent plus de deux cents candidats sur les cinq dernières années : gendarmes mobiles, gardes républicains, gendarmes départementaux.

La sélection initiale ne dure qu'une semaine. Elle est totalement identique pour les sous-officiers et les officiers, et très légèrement différente pour les hommes et les femmes. Ces dernières souffrent donc autant dès la première semaine que leurs camarades masculins. Un principe gravé dans le marbre, qui se prolongera tout au long de la formation. Une fois le brevet décroché, les femmes peuvent être affectées à la Force observation recherche (FOR) ou à la Force sécurité protection (FSP) qui arme en partie le Groupe de sécurité de la présidence de la République (GSPR). Elles peuvent également rejoindre les rangs de la Force d'intervention (FI) et certaines ont essayé. Cependant, aucune n'a encore réussi.

## Se dépasser

Les débuts de la semaine de test se déroulent à Satory avec une triple épreuve de natation (100 mètres, 50 mètres en apnée et 50 mètres pieds et poings liés). Puis, direction l'Essonne et le camp de Mondésir : marche commando de 8 kilomètres avec un sac à dos de 11 kilos (5 kilos pour les femmes), séries de pompes, grimper de corde à la force des bras (les femmes peuvent utiliser les jambes), parcours topographique et d'audace, saut depuis un pont accroché à une grande sangle élastique, sans oublier les sports de combats. Le dernier jour, retour à Satory pour avancer sur une poutre métallique située à 25 mètres en haut de la tour d'entraînement à l'escalade. Une épreuve figurant souvent dans des reportages, où l'on peut voir que les candidats renoncent.

À l'issue de cette semaine, ils ne seront plus qu'une cinquantaine. Le GIGN recherche des gendarmes polyvalents et physiquement aptes à suivre le pré-stage qui se déroulera cinq mois plus tard. Les instructeurs, des anciens opérationnels, évalueront leur motivation, leur aisance dans tous les milieux (terrestre, aquatique et aérien), leurs qualités morales et mentales et leur sens du collectif.

La première des neuf semaines de pré-stage (ou stage probatoire) vise à acquérir les réflexes du combattant avant d'entrer dans le dur pendant huit semaines. Les 50 stagiaires vont connaître des conditions de logement et de nourriture spartiates, apprendre à tirer, s'initier aux explosifs. Le tout sous l'œil aiguisé des instructeurs qui vérifient en permanence leurs qualités physiques et morales, leur compréhension des schémas tactiques et leur manière de les restituer. Au milieu des stagiaires, il y aura peut-être le futur commandant de l'unité, puisque tous les futurs officiers du GIGN doivent passer par la semaine de sélection et le pré-stage. À la fin, les cinquante stagiaires ne sont plus qu'une vingtaine.

Après les sélections vient le temps de la formation qui dure un an. Elle sera très dense. Les gendarmes sélectionnés devront devenir d'excellents tireurs (arme de poing, fusil d'assaut, tir de précision), des spécialistes des explosifs et de la pénétration dans un bâtiment, un avion, un train ou un bateau. Ils devront aussi connaître tous les schémas d'intervention. Les stagiaires vont également passer un mois au Centre national d'entraînement commando (Cnec), situé à Mont-Louis et Collioure (Pyrénées-Orientales).

Selon les résultats, une commission décide alors d'affecter les stagiaires à la Force intervention (FI) ou à la Force observation recherche (FOR), ou enfin à la Force Sécurité Protection (FSP).

## Les brevets

À l'été 2023, le brevet n° 1 389 a été décerné. Depuis 1974, les brevets ont été remis au titre du GIGN, de l'EPIGN ou du GSPR mais à partir de 2007, un brevet unique a été décerné, la numérotation commençant symboliquement à 1 000. Les prochains brevets (cinq officiers et une quinzaine de sous-officiers) devaient être décernés au mois de décembre. Christian Prouteau et Laurent Phélip figurent parmi les rares officiers à détenir à la fois un brevet GIGN et un brevet GSPR. Christian Prouteau a le brevet GIGN n° 1 et le brevet GSPR n° 000, ayant tenu à laisser le brevet GSPR n° 1 à Alain Le Caro, premier commandant du GSPR. Pour Laurent Phélip, ce sera le brevet GSPR n° 151 et le brevet GIGN n° 178.

« Dans les dix premières années du GIGN, raconte[1] Christian Prouteau, nous disposions chaque année d'une centaine de volontaires qui, eux-mêmes, étaient présélectionnés sur des critères physiques tout simples : savoir faire des pompes, des tractions, mettre un certain temps à la marche commando. C'était juste basique, pour ne pas perdre du temps à former des gens physiquement. Le but était d'avoir au départ des gens avec un haut potentiel physique. »

« Autre critère important, c'est le volontariat, poursuit le fondateur du groupe d'intervention, car, à partir du moment où vous dites à des gens que le GIGN, c'est une unité où il y a plus de chance de prendre un coup de fusil que des décorations, ça fait déjà une présélection. » À ses débuts, le GIGN se fait connaître rapidement dans la Gendarmerie.

« Pour les gendarmes qui envisageaient autre chose qu'une Gendarmerie traditionnelle – et ce n'est pas péjoratif de ma

1. *Entretien avec l'auteur.*

part –, ça a créé des vocations pour ceux qui voulaient faire des choses différentes », explique Christian Prouteau.

Philippe Masselin, commandant de l'unité de 1982 à 1986, s'est retrouvé avec deux sous-officiers pour le stage de formation[2]. « Pas question d'officiers et de sous-officiers, nous étions trois stagiaires sur un pied d'égalité, avec les mêmes épreuves et les mêmes formations, dit-il. Le premier est décédé dans un accident de parachutisme sous mon commandement et le second, après mon départ de l'unité, dans un accident de moto à Paris. »[3] Le lieutenant Masselin (1982-1986) a été breveté en juin 1981 (brevet n° 34).

Lionel Chesneau (1989-1992) ne s'était pas particulièrement entraîné : « J'étais simplement jeune et plein d'énergie. »[4] Il se souvient de tests avec moins de candidats et « moins durs physiquement que les tests actuels mais surprenants » : nager pieds et poings liés ou passer dans une buse en béton avec un chien qui vient vers vous sans que l'on sache s'il porte ou non une muselière. « C'étaient plutôt des épreuves de déstabilisation psychologique, le GIGN ne cherche pas des athlètes mais avant tout des gens avec des aptitudes physiques et bien dans leur tête. » Quand il était commandant de l'unité, Lionel Chesneau présidait les épreuves de sélection. « Je recevais tous les candidats dans mon bureau, un par un, sans savoir comment les tests s'étaient déroulés pour eux mais pour me faire une opinion sur leurs personnalités. À l'issue, je comparais mes constatations avec le sous-officier responsable des tests pour affiner nos points de vue : 90 pour cent de nos choix étaient identiques », conclut Lionel Chesneau.

---

2. *À l'époque, le GIGN recrutait moins de dix personnes chaque année, contre une bonne vingtaine aujourd'hui.*
3. *Entretien avec l'auteur.*
4. *Entretien avec l'auteur.*

Son successeur Denis Favier (1992-1997) n'a pas été à la fête, ni pour la sélection et la formation ni pour les premiers mois de sa prise de commandement. Il est nommé directement à la tête de l'unité alors que le GIGN traverse une période difficile, le 1er juin 1992, sans y avoir fait un premier passage. Déjà instructeur commando, il va faire l'essentiel des tests de sélection et de formation après son arrivée. « J'ai eu un autre mode de sélection, très dur sur le plan psychologique et moral, confie-t-il[5]. J'étais dans une position extrêmement difficile à tenir, comme commandant de l'unité et, en même temps, je suivais le processus de formation avec ses différents modules (tir, investigation...) mais sans pouvoir consacrer une année entière uniquement à la formation. C'était des journées de plus de seize heures. » Il ajoute : « C'était sans concession et le vendredi matin, lors de la séance de sports de combat, on me faisait travailler avec le meilleur et j'ai ramassé ! » Pendant un an, Denis Favier va encaisser « une pression colossale » : « J'ai été comme dans le tambour d'une machine à laver, à la fois en train de commander, de tracer des orientations, d'essayer de faire de la prospective et de suivre la formation ! » Lors de cette intégration « très dure », il se souvient que lors du footing, de la natation ou du tir, il était toujours accompagné des meilleurs sous-officiers dans chaque domaine. « C'était sans concession mais, au final, très utile », reconnaît-il trente ans plus tard.

« Les tests des cinq premiers jours sont durs mais extrêmement intelligents », remarque Éric Gérard (1997-2002)[6]. Ils visent à détecter des capacités, repérer les phobies et les fêlures éventuelles, et vérifier si le candidat possède des bases suffisamment solides pour faire toute la formation. « Les instructeurs ne regardent pas seulement les performances mais surtout la

5. *Entretien avec l'auteur.*
6. *Entretien avec l'auteur.*

façon dont tu t'adaptes – pour moi, l'adaptation est le maître mot de cette unité – et la façon dont tu réagis individuellement et collectivement car tu es scruté en permanence. »

Il juge « indispensable » que les officiers et les sous-officiers suivent la même formation. « Nous sommes tous ensemble pour apprendre toutes les facettes du métier après avoir enlevé nos galons, car la légitimité et la cohésion commencent là », poursuit-il. Le socle de la formation est assuré par des sous-officiers expérimentés : « Je leur dois beaucoup parce qu'ils m'ont beaucoup appris, pas uniquement dans la formation mais aussi pour la manière dont on apprend les uns des autres. Cette formation, essentielle dans le domaine technique et opérationnel, est complétée par une formation spécifique pour les officiers, qui fut codifiée et développée par Thierry Orosco au début des années 90. Il m'a transmis les clefs nécessaires pour démarrer et évoluer dans ce métier passionnant. »

Frédéric Gallois (2002-2007) a passé près de quinze ans au GIGN. « En mars 1994, j'ai trouvé les tests très durs mais j'étais très bien préparé », se souvient-il[7]. Le pré-stage de deux mois qui a suivi au mois d'août fut « très éprouvant et je ne pensais pas devoir aller aussi loin pour trouver mes ultimes ressources ». Frédéric Gallois le qualifie de « quasiment inhumain ». Il ajoute : « Les instructeurs – des anciens opérationnels très affûtés – sont des gens extraordinaires qui prennent des risques en nous poussant à prendre des risques pour voir nos limites. Ça marche et on arrive à trouver nos ressources pour faire des choses que l'on n'imaginait pas possibles. » Il relève deux paramètres « qu'on n'a pas l'habitude de travailler » : le manque de sommeil, paramètre essentiel dans la sélection, et le froid. « À plusieurs reprises, je me suis dit : "Je ne vais pas y arriver, je ne suis pas fait pour ça". » Chaque stagiaire avance grâce à sa fierté et surtout grâce à la dynamique du groupe

7. *Entretien avec l'auteur.*

des stagiaires. « Les stagiaires vous tirent vers le haut, ce qui fait que l'on repousse toujours le moment où l'on a envie d'arrêter », assure Frédéric Gallois qui garde en mémoire « une période très éprouvante mais qui a constitué une vraie remise en question ».

Pour Thierry Orosco (2011-2014), « la formation a pour but d'apprendre aux gens à se faire confiance pour travailler ensemble, car au GIGN, on construit, dès le départ, une équipe », explique-t-il[8]. « Celui qui se révèle inapte à travailler en équipe, même si c'est le meilleur dans toutes les techniques, on ne le gardera pas, car le travail en équipe, c'est ce qui rend les missions possibles. » Durant les deux premiers mois de la formation, une période probatoire, un stagiaire peut s'entendre dire, du jour au lendemain : « Dehors ! » Chaque vendredi, il y a une commission avec les instructeurs et le patron du GIGN qui annonce : « Untel carton rouge, Untel carton jaune. »

Les critères de recrutement, poursuit Thierry Orosco, sont multiples : avoir un potentiel physique, une capacité naturelle d'adaptation au stress, des qualités d'adaptation à un univers inhabituel. « En opération, même avec tous les briefings du monde, ça peut ne pas se passer comme prévu. Tu dois donc laisser à tes gendarmes une marge d'initiative. »

« Les jeunes qui intègrent le GIGN, ce sont des gendarmes qui s'engagent au quotidien pour les autres, pour la population, mais qui ont ce quelque chose de plus qui fait qu'ils sont capables d'aller au-delà », résume Hubert Bonneau (2014-2017). « Quand tout ça est mis au service du collectif, ajoute-t-il[9], c'est extraordinaire. » Il est arrivé – mais c'est plutôt rare – que la hiérarchie se trompe en recrutant des gendarmes très forts physiquement mais pas assez au service du collectif. « J'ai été vraiment impressionné, confie Hubert Bonneau, par de très nombreux camarades

8. *Entretien avec l'auteur.*
9. *Entretien avec l'auteur.*

au GIGN capables, à un moment donné, de faire abstraction de choses personnelles, au profit du collectif. »

« Nous sommes, au GIGN, l'un des derniers bastions de la militarité, de la disponibilité et de la mobilité. C'est une force et je le revendique », assume Ghislain Réty, à la tête du groupe depuis l'été 2020[10]. Il dispose de 300 candidats chaque année au GIGN central pour quinze à vingt places disponibles. Et, parmi les candidats, certains se font aider avant les tests par des préparateurs physiques ou mentaux. « Je peux donc sélectionner, outre sur les critères physiques, des gens qui sont très très bons, dit Ghislain Réty en ajoutant : Ce qui n'a pas changé, c'est tout ce qui est quotient émotionnel, résistance au stress, rusticité, intelligence de situation, adaptabilité, dépassement de soi, volonté d'innover, des fondamentaux qui resteront. »

## Des femmes au GI

En 2005, Chrystelle, sous-officière, passe avec succès les tests de sélection. Elle serre les dents comme ses camarades masculins : « Une femme qui tombe, dit-elle, peut pleurer mais se relève. N'importe qui peut le faire, il faut se donner les moyens de réussir et avoir le moral pour avancer, toujours avancer. »[11] Lors du stage probatoire, elle est déclarée inapte après un accident qui touche une vertèbre cervicale. Qu'à cela ne tienne, elle repasse les tests de sélection deux ans plus tard. Quatorze femmes les réussissent, huit sont sélectionnées pour le stage probatoire. À la fin de celui-ci, elle reste la seule fille et entame une année de formation : tir, parachutisme, sports de combat comme la boxe et le krav-maga[12]. La jeune

10. *Entretien avec l'auteur.*

11. Entretien avec l'auteur.

12. *Art martial, né dans l'armée israélienne, qui se démarque par son absence de règles, au contraire des autres arts martiaux.*

femme intégrera la FOR pour des missions liées au grand banditisme et au terrorisme, avant de rejoindre le GSPR en 2017 pour participer à la protection rapprochée du Président de la République.

La même année, en 2017, Margot, cavalière à la Garde républicaine, passe avec succès les tests de sélection et le stage probatoire du GIGN. Pendant sa formation, lors d'un saut pour un brevet spécialisé de parachutisme, elle se blesse très grièvement. Inapte au parachutisme et donc au GIGN, elle rejoint en 2020 les rangs des sportifs de haut niveau de la Défense. Médaille de bronze avec l'équipe de France de para-aviron en septembre 2021 à Tokyo, elle veut s'aligner sur plusieurs compétitions aux jeux Paralympiques de Paris 2024.

Résistance au stress, adaptabilité, dépassement de soi, innovation : c'est ce qu'ont voulu ceux qui ont imaginé le GIGN, ceux qui en ont été les premiers éléments, il y a près de cinquante ans. Les pionniers...

# Chapitre III

## Munich ou la prise de conscience

Munich. 1972. Les jeux Olympiques. Onze athlètes israéliens sont pris en otages par un commando palestinien. La police allemande, mal préparée à ce type d'opération, intervient sur l'aéroport alors que les otages et leurs ravisseurs s'apprêtent à embarquer. C'est un échec. Le bilan est lourd : dix-sept morts !

Munich a été un tournant. Une déflagration. Les polices du monde entier ont pris conscience que seuls des groupes d'intervention entraînés, des unités d'élite, pouvaient répondre à ce terrorisme d'un nouveau genre. En France, notamment, où deux ans plus tard, le 1er mars 1974, est créé le Groupe d'intervention de la Gendarmerie nationale, le GIGN. Dix-huit hommes triés sur le volet, surentraînés, rompus aux nouvelles techniques de combat et au courage insensé. À leur tête, le lieutenant Prouteau. C'était il y a cinquante ans. Déjà. Depuis, les techniques du GIGN et la sélection des hommes ont évolué. C'est ce demi-siècle souvent glorieux que ce chapitre propose d'explorer à travers les témoignages de ces douze commandants : de Prouteau, le pionnier, à Favier, l'emblématique, en passant par Legorgus, l'intellectuel...

## Les pionniers

Revenons au vendredi 24 août 1973. 11 h 00. Un jeune lieutenant, Christian Prouteau, se tient au garde-à-vous dans le bureau du général Héraud, commandant la Gendarmerie mobile en Île-de-France. Celui-ci lui demande de créer une unité spécialisée dans les prises d'otages, capable de contrer des attaques terroristes comme celle de Munich deux ans auparavant. Christian Prouteau est le fils du colonel de Gendarmerie Gérard Prouteau, créateur du système des rapprochements judiciaires et des sections de recherches.

En juillet 1972, à sa sortie de l'école, il est affecté comme chef de section à l'EGM 6/3 de Saint-Denis, au nord de Paris. À cette époque, la « mobile » assure le maintien et le rétablissement de l'ordre, mais aussi les interventions délicates, comme les prises d'otages. Très vite, Christian Prouteau se rend compte que les escadrons ne sont pas formés à ces interventions.

« Il y avait bien une circulaire sur le maintien de l'ordre et la circulaire 2000 sur la formation des personnels », se souvient Christian Prouteau. Il feuillette ces deux textes sans y trouver de réflexion tactique sur ce qui deviendra plus tard l'intervention. « Il y avait, par exemple, dit-il, une chose qui m'avait sidéré pour l'utilisation des armes. Le rédacteur avait écrit : “Le manque de munitions sera compensé par de solides connaissances techniques”. »

À la fin des années 1960 et au début des années 1970, deux affaires tragiques vont marquer la Gendarmerie et l'opinion publique, celle de Cestas (Gironde) et celle de Clairvaux.

Entre le 3 février et le 17 février 1969, André Fourquet, 38 ans, divorcé de sa femme, se barricade dans sa ferme, près de Cestas avec ses deux enfants, Francis, 11 ans, et Aline, 13 ans. Chantale, l'aînée, 14 ans, a pu s'enfuir lorsque son père a prévenu qu'ils allaient tous mourir. Le forcené refuse la décision de justice lui retirant la garde des enfants, huit mois plus tôt. Les gendarmes sont déjà intervenus à trois reprises. Les gendarmes mobiles encerclent la ferme. Jean-Louis Carratala, de l'EGM 10/11 de Bouliac, est tué d'une balle dans la poitrine alors qu'il est à découvert. Les négociations se poursuivent. Finalement, les gendarmes donnent l'assaut le 17 février. Fourquet tue ses deux enfants d'une balle dans la tempe et se tire une balle dans la bouche.

À la centrale de Clairvaux (Aube), Claude Buffet, 38 ans, et Roger Bontems, 35 ans, purgent de longues peines. Le 21 septembre 1971, les deux hommes prennent en otages une infirmière et un surveillant. Ils réclament des armes et une voiture pour quitter la prison. Quelques heures plus tard, les gendarmes mobiles interviennent et neutralisent, à l'aide de lances à incendie, les deux détenus qui ont eu le temps d'égorger les deux otages avec un couteau rudimentaire. Ils seront condamnés à mort et guillotinés à la prison de la Santé à Paris, le 28 novembre 1972.

Ces deux affaires démontreront que la Gendarmerie n'était pas préparée à gérer une prise d'otages, selon Christian Prouteau. Dans les deux cas, la décision de donner l'assaut a été prise à partir d'une « erreur d'appréciation tactique » basée sur deux présupposés : un père ne tue pas ses enfants ; on n'égorge pas de sang-froid une infirmière.

« À l'École des officiers de Melun en 1971, on nous avait parlé de tout, sauf de ça. On nous a simplement dit : “Attention, vous risquez de vous retrouver dans des situations dramatiques comme à Cestas.” La seule chose qu'on nous ait enseignée alors, c'est : “Agissez avec discernement.” Ça nous faisait une belle jambe. »

En 1972, le général Paul Provost, commandant la Gendarmerie mobile en Île-de-France, désigne le capitaine Jean-Pierre Baux, commandant de l'EGM 3/2 de Maisons-Alfort, pour former des petits groupes dynamiques au sein des escadrons.

Au départ, ce sont des stages de deux jours tous les deux ou trois mois. Le capitaine Baux propose ensuite des stages de cinq jours sur le site de Mondésir, près d'Étampes (Essonne), appartenant à l'armée de l'Air. Ce site est aujourd'hui l'un des deux centres d'entraînement du GIGN, avec celui de Beynes (Yvelines), ex-caserne de l'armée de Terre. Il fait donc venir à Mondésir de jeunes sous-officiers encadrés par des officiers pour les former aux interpellations de meneurs, aux prises d'otages difficiles.

Christian Prouteau est chargé de la formation à la réduction des forcenés. Il propose un jeu de rôle avec des gendarmes qui jouent les forcenés, d'autres les otages, d'autres les négociateurs.

Après la prise d'otages aux JO de Munich, en septembre 1972, l'idée de la création d'une unité d'intervention commence à circuler dans la Gendarmerie. Le capitaine Baux rend un rapport dans ce sens au printemps 1973 et la direction de la Gendarmerie décide de pérenniser – cette fois-ci au niveau national – la formation d'unités commandos au sein de la « mobile ». Il propose à Jean-Claude Perrier[1] de créer une « Équipe commando régionale d'intervention » (ECRI) comme unité pilote.

Le 15 septembre 1973, une circulaire lance un appel aux volontaires pour la région d'Île-de-France dans un premier temps, puisque l'expérimentation se fera en région parisienne.

« Il y a eu une cinquantaine de volontaires. J'en ai sélectionné dix-sept », nous rappelle Christian Prouteau. L'ECRI forme alors une section supplémentaire au sein de l'EGM 2/2 de Maisons-Alfort pour bénéficier d'un soutien administratif. Christian Prouteau passe sous la responsabilité administrative du capitaine Gervais, commandant l'EGM 2/2. « Il m'a bien aidé, assure Christian Prouteau, car il s'est rendu compte que j'avais une approche complètement novatrice. » La formation des dix-sept gendarmes sélectionnés débute le 3 novembre 1973. Le 1er mars 1974, l'unité est déclarée opérationnelle. L'ECRI devient officiellement le GIGN n° 1[2].

1. *Magistrat, directeur de la Gendarmerie de 1962 à 1973.*

2. *Un premier GIGN avait vu le jour en octobre 1973, au sein de l'escadron parachutiste de la gendarmerie de Mont-de-Marsan, et baptisé GIGN n° 4 en avril 1974. En mai 1976, le GIGN n° 1 et le GIGN n° 4, sont dissous pour former une seule unité, le GIGN.*

« En mars 1974, il y avait tout à faire », dit Christian Prouteau. Les crédits de la Gendarmerie, sous la tutelle du ministère de la Défense, sont plutôt comptés. Système D et invention de techniques inédites vont devenir les leviers privilégiés du lieutenant Prouteau pour installer et développer l'unité.

Il met au point, avec ses hommes, la descente en rappel à la corde lisse depuis un hélicoptère. Une technique immortalisée dans le film *Peur sur la ville* (1975), tourné à l'automne 1974, avec Jean-Paul Belmondo, des équipiers du GIGN et leur chef. « Henri Verneuil avait vu un reportage de TF1 sur le GIGN, et comme il l'avait trouvé génial, il avait tenu à faire de la descente en rappel la scène de dénouement de son film », se souvient Christian Prouteau. Une scène inédite et impressionnante, maintes fois copiée ensuite dans les films de nombreux pays.

Pour les besoins du film, Henri Verneuil a obtenu l'autorisation du survol de Paris et le concours de trois hélicoptères Alouette III de la Gendarmerie. Un des appareils se positionne en vol stationnaire, à 120 mètres de hauteur, au-dessus de la tour Keller, la plus ancienne du Front de Seine avec ses 29 étages et ses 98 mètres de haut. Plusieurs gendarmes du GIGN, dont Christian Prouteau, portent des blousons spéciaux pour ne pas se brûler. Ils passent la corde sur l'épaule et derrière le dos, puis se laissent glisser un par un, pratiquement à la vitesse de la chute libre, sur le toit de la tour. Quelques instants plus tard dans le film, « Bébel », portant un baudrier accroché à un câble, est hélitreuillé depuis un autre hélicoptère. Arrivé à la hauteur de la baie vitrée de l'appartement ou le forcené retient des otages, il imprime un mouvement de balancier pour briser la baie vitrée et le maîtriser. Pendant ce temps, un gendarme descendu en rappel depuis le toit de l'immeuble pénètre à son tour dans l'appartement par une fenêtre pour aller ouvrir la porte à la police.

À l'époque, révèle Christian Prouteau, le GIGN possédait peu de cordes. Verneuil finance les cordes pour le tournage, que l'unité utilisera pendant un an. La production fournit également deux revolvers MR73 avant même que le MR73 ne devienne l'arme emblématique du GIGN.

Faute de crédits, les sous-officiers du GIGN vont par ailleurs construire de leurs propres mains leur stand de tir à Maisons-Alfort, dans les douves du fort de Charenton, à partir des plans dessinés par leur chef. C'est l'époque des grands travaux en Région parisienne. Des camions, chargés de terre et de déblais, passent chaque jour devant la caserne du fort de Charenton à Maisons-Alfort. Des gendarmes arrêtent des camions pour récupérer de la terre.

« Nous avons ainsi récupéré plusieurs centaines de mètres cubes de terre pour construire le stand de tir », se souvient-il. Après les séances d'entraînement physique, les escalades et les descentes en rappel sur la tour d'habitation de 14 étages de la caserne et les entraînements au tir, les gendarmes se transforment en terrassiers.

Grâce à un ancien gendarme, responsable de la sécurité du Parc des expositions de la Porte de Versailles, ils récupèrent des matériaux, promis à la déchetterie après les salons, pour équiper le stand de tir. Ils montent également un mécanisme ingénieux pour manœuvrer les cibles. « Notre stand de tir avait de la gueule – il y avait même du gazon – et nous y faisions toutes nos démonstrations de tir pour les délégations étrangères », avoue Christian Prouteau.

Mais les locaux de Maisons-Alfort affectés au GIGN se révèlent rapidement exigus. La décision est prise de déménager à Satory, à la lisière de la forêt, près du site du Groupement blindé de la Gendarmerie mobile (GBGM). Christian Prouteau dessine les plans de « La Flèche », qui deviendra le bâtiment historique du GIGN. Il prévoit un stand de tir au sous-sol. « J'ai dessiné un stand de 50 mètres de long permettant de tirer avec des armes d'épaule, car à 50 mètres c'est la même balistique qu'à 200 mètres, distance de tir utile. » Le stand de tir est très en avance sur son époque avec ses douze pas de tir et ses deux petites salles, permettant l'entraînement au tir coordonné, dit également simultané.

Son successeur, Philippe Masselin (1982-1986), sera chargé du suivi du chantier de « La Flèche ». Aujourd'hui retraité, le général Masselin raconte[3] : « Je suis entré en 1981 au GIGN – brevet n° 34 – comme adjoint de Prouteau. Très pris par ses nouvelles activités à l'Élysée, il garde le commandement du GIGN[4]. Prouteau me dit : "Démerdez-vous, vous représenterez le maître d'ouvrage auprès du Génie et vous piloterez la construction de la caserne" », se souvient Philippe Masselin.

La caserne Pasquier[5] sera inaugurée à la fin de l'année 1983.

Philippe Masselin gère également la construction de la tour d'escalade. Avec Gabriel Bellec, un sous-officier du groupe, il planche sur une tour d'une hauteur de 40 mètres. Problème : Satory se trouve dans le périmètre protégé du château de Versailles et la tour ne doit pas dépasser la cime des arbres. La tour, érigée en 1984, fera donc 20 mètres. La même hauteur qu'un gros bateau, pour permettre les entraînements au contre-terrorisme maritime (CTM) et la mise au point des matériels et des techniques d'assaut sur les navires.

Le système D – on parlera d'innovation à partir des années 2000 – restera dans l'ADN du GIGN. Tout comme le respect de la vie de l'« adversaire ». Le mot « ennemi » est banni du vocabulaire du groupe. Christian Prouteau raconte : « J'ai imposé aux sous-officiers, dès le premier jour de leur formation, le 3 novembre 1973, la notion du respect de la vie. Je leur ai dit :

3. *Entretien avec l'auteur.*
4. *Le capitaine Paul Barril assurera l'intérim de 1981 à 1982, jusqu'à la prise de commandement de Philippe Masselin.*
5. *Du nom du maréchal des logis-chef Raymond Pasquier, premier gendarme du GIGN mort à l'entraînement, le 23 avril 1977, lors d'un exercice de franchissement à Maisons-Alfort.*

"Votre arme ne doit pas être le prolongement du courage." Il faut pouvoir envisager toutes les solutions avant d'en arriver à l'inéluctable. Supprimer une vie, c'est le pouvoir de Dieu, c'est le pouvoir de vie et de mort. Donner la mort, quand on a épuisé toutes les possibilités, cela doit rester exceptionnel. » Il ajoute : « Pendant les dix ans durant lesquels j'ai eu l'honneur de commander le groupe, tout l'entraînement a été conduit avec cet impératif qui a toujours été conservé après mon départ. C'est ce dont je suis le plus fier. »

Christian Prouteau invente aussi le tir simultané, une technique révolutionnaire consistant à tirer au même moment sur plusieurs cibles. Elle sera utilisée une seule fois dans l'histoire du groupe à Loyada (Djibouti) en février 1976[6]. Les équipiers du GIGN continuent à s'entraîner régulièrement, cinquante ans plus tard, au tir simultané.

« À Munich, les policiers allemands ne s'étaient pas réparti leurs objectifs. Je me suis dit qu'il fallait, pour ne pas perturber les tireurs, répartir leurs objectifs en fonction de leurs positions sur le terrain, comme au stand de tir. L'homme situé le plus à gauche est la cible du tireur numéro un. Celui situé le plus à droite sera, s'il y a quatre hommes, la cible du tireur numéro quatre. Chaque tireur reconnaît donc son objectif par rapport à sa position pour ne pas croiser son tir avec celui d'un équipier. Le troisième tireur tirera donc toujours sur la troisième cible », explique Christian Prouteau.

La deuxième étape vise à mettre en place le code de tir. Quand le premier tireur est prêt à tirer sur sa cible, il lance : « Un prêt », le deuxième dit : « Deux prêt » et ainsi de suite. Si le trois ne peut plus tirer, il formule : « Trois non ». On recommence alors toute la procédure du code de tir.

Quand tous les codes de tir sont donnés, le chef de tir prononce : « Zéro. » Chaque tireur se dit alors mentalement : « 333 » à trois

6. *Voir le chapitre consacré aux grandes opérations du GIGN.*

reprises ; 333, c'est l'équivalent d'une seconde. Trois fois 333, c'est l'équivalent de trois secondes. À ce moment-là, il déclenche son tir. « C'est ainsi que cela s'est passé à Djibouti », raconte Christian Prouteau qui avait dirigé le tir simultané à Loyada. Selon lui, ce délai de trois secondes est nécessaire dans le cas où l'objectif se protégeant derrière un otage, il peut alors avoir un angle où le tireur ne peut plus le toucher. Un délai qui permet d'interrompre le code de tir en disant : « Non » et de revenir à une autre séquence de tir.

Dès que le GIGN a perçu ses premiers FR-F1[7], il a entamé sa formation au tir simultané qui s'est achevée en mars 1974. « Le tir simultané, c'était tout à fait inédit et, après Djibouti, toutes les unités d'intervention viendront nous voir à l'entraînement et le copieront », révèle Christian Prouteau.

Aujourd'hui, chaque équipier du GIGN dispose de plusieurs armes individuelles et réglées par ses soins (revolver, pistolet, fusil d'assaut, fusil de précision), d'un gilet pare-balles, d'un casque et de moyens de communication. Aux débuts du GIGN, il n'y avait pas de casque et de gilet pare-balles pour chaque gendarme. L'équipe d'alerte emportait un lot d'intervention dans des caisses, dont l'une contenait des casques, mais uniquement pour les gendarmes de tête. Dans les années 1970, les casques étaient très coûteux. Ils étaient faits en Lexan[8].

Au départ, les gendarmes ne voulaient pas porter de gilets pare-balles (GPB) : « Ils assuraient que le port des GPB les gênait dans leurs mouvements et je leur avais laissé le choix. ». Christian Prouteau raconte qu'une nuit, il fait un cauchemar dans lequel un des hommes prend un coup de fusil en pleine poitrine. « Le lendemain matin, je demande à Claude Lepouzé, mon second administratif qui faisait le lien avec le personnel[9],

7. *Fusil de précision de la Manufacture d'armes de Saint-Etienne d'un calibre de 7,5 mm puis de 7,62 mm avec un chargeur de dix balles. Monté sur un trépied, il a une portée de 800 mètres. Il a été utilisé jusqu'en 1989 par les armées et la Gendarmerie.*

8. *Matériau en polycarbonate alors utilisé pour les casques des spationautes.*

9. *Paul Barril, officier adjoint, a été opérationnel au GIGN le 1er janvier 1977, après avoir été recruté en juillet 1976.*

de réunir tous les gendarmes. Je leur annonce : "À partir d'aujourd'hui, pour les deux premiers gendarmes au contact, gilet obligatoire." » Vers 11 h 00, l'équipe d'alerte doit partir en intervention sur un forcené retranché avec plusieurs fusils de chasse. « À notre arrivée, je désigne Gérard Bollet[10] comme le premier à marcher et je lui demande d'aller s'équiper. Quand il revient vers moi, je remarque qu'il n'a pas mis de gilet pare-balles. Je lui ordonne :

"Bollet, c'est gilet obligatoire."

Il me répond que ça le gêne. Je réitère :

"C'est gilet ou tu es derrière."

Il marmonne : "Fais ch...", mais il enfile son gilet. »

Lors de l'intervention, au moment où Bollet ouvre la porte du forcené, celui-ci tire un coup de fusil à travers la porte et le touche en pleine poitrine. Le sous-officier prend neuf grains de chevrotine dans son gilet pare-balles. À l'époque, ces gilets n'étaient pas pourvus de coussinets anti-traumatisme. Sur une photo, on voit le torse nu du sous-officier portant la marque des neuf grains. « Bollet a eu la vie sauve grâce à son gilet pare-balles. Après cet épisode, je n'ai plus eu besoin de répéter qu'il était obligatoire », conclut Christian Prouteau.

Surnommé « le Grand » par ses hommes, il participe à tous les entraînements. Il devient l'un des meilleurs tireurs au pistolet du groupe. En 1976, Christian Prouteau institue le tir de confiance. « Il fallait que les gendarmes, à la fin de leur formation, puissent prouver leur niveau en tir. Chacun a dû tirer sur son binôme qui portait un plateau d'argile accroché sur ce qui allait devenir les gilets pare-balles. 1976, c'était la création des premiers gilets en kevlar (GPB). Mais nous n'avions pas de GPB. Rhône-Poulenc nous a donné des feuilles de kevlar[11]. Nous avons d'abord tiré sur des cibles protégées par ces feuilles. Un de mes gendarmes,

10. *Arrivé au GIGN en 1976, depuis l'escadron parachutiste de Mont-de-Marsan.*

11. *Marque de la fibre synthétique résistante à la chaleur, ce qui la rend très solide.*

une forte tête, a alors proposé : “Oui mon lieutenant, c'est bien tout ça, mais il faut savoir ce que ça donne sur nous”, ajoutant : “Je veux bien essayer, si c'est vous qui tirez !” Des feuilles de kevlar ont été glissées entre deux pulls en laine, faisant office de GPB. Tout s'est bien déroulé. »

Peu à peu, les matériels de l'unité et les équipements des gendarmes évoluent. En 1974, Christian Prouteau était le seul à avoir un téléphone à son domicile, dans la caserne de Maisons-Alfort. En cas de départ pour une intervention, un véhicule tournait dans la caserne en actionnant sa sirène deux tons. Lorsque le téléphone a été posé dans tous les bâtiments, ce sont les gendarmes du GIGN qui ont posé les goulottes pour faire passer les fils du téléphone. Le GIGN a aussi reçu des Motorola AMX 330, de gros talkies-walkies pour communiquer à l'intérieur du groupe.

Lors des premières interventions, les gendarmes partaient en Estafette, la fameuse fourgonnette Renault des années 1960-1970 qui pouvait emporter huit passagers à la vitesse maximum annoncée de 90 km/h. « On n'allait pas très vite, commente Christian Prouteau, on était toujours à fond ! » Au départ, le GIGN dispose de trois Estafettes, une par équipe d'intervention. Le chef du GIGN se déplace dans une 204 break Peugeot, équipée d'une liaison radio. Après 1976, le GIGN décroche des 504 break Peugeot et une super R5 Alpine Renault pour son commandant. En 1979, le GIGN s'équipe de CX break Citroën, d'abord au diesel, mais déjà beaucoup plus puissantes que les breaks Peugeot. Christian Prouteau se tourne alors vers la CX GTI avec un moteur à injection à essence de 2 litres, capable de dépasser les 200 km/h. Il obtient du constructeur de monter des freins plus puissants. Ces véhicules sont restés très longtemps au groupe, avant d'être tous rachetés par un civil.

Au début des années 1990, le commandant du GIGN Lionel Chesneau (1989-1992) généralise l'équipement d'intervention de base pour chaque gendarme (casque, gilet pare-balles, revolver et fusil de précision). Le quatrième patron du groupe crée la « cellule MacGyver »[12]. Lionel Chesneau recrute donc un gendarme pour « faire uniquement du développement technologique, ce qu'il faisait très bien et qui était absolument nécessaire »[13].

Il met par ailleurs en place les groupes d'observation et de recherche (GOR), développés ensuite par l'EPIGN, pour améliorer les renseignements avant une intervention. « On en avait assez que l'on ne nous donne pas la bonne adresse, le bon étage pour nos interventions. » Lionel Chesneau fait réaliser une fresque sur un mur au 1er étage du bâtiment historique de l'unité, à Satory. Cette peinture réaliste rappelle une bavure célèbre de l'unité qui avait fait exploser à l'aube la porte de l'appartement à Toulon d'un couple âgé qui prenait tranquillement son petit déjeuner, au lieu de celle d'un truand.

Les effectifs du GIGN augmentent progressivement. L'unité compte 18 hommes (Christian Prouteau compris) en 1974. Au départ de Philippe Legorjus (1986-1989), après Ouvéa, l'unité regroupe 85 hommes. Après Marignane (1994) où, de l'aveu même de Denis Favier, le GIGN était « à la limite » en termes de personnels et d'équipements, l'unité va dépasser la centaine de gendarmes. L'opération de Marignane, puis les prises d'otages de masse au début des années 2000, vont déboucher sur une réflexion qui aboutira en 2007 à la création d'une grande unité forte de près de 400 hommes. Le nouveau GIGN de 2007 garde son nom mais rassemble trois entités : le GIGN historique, l'EPIGN et le GSPR. Après le temps des pionniers, voici celui des réformateurs.

12. *Une allusion à la série TV américaine où le héros invente des dispositifs ingénieux à partir de l'utilisation d'objets du quotidien.*

13. *Entretien avec l'auteur.*

## Les réformateurs

« Nous allions être dépassés si nous ne nous réorganisions pas » : tel est le constat de Frédéric Gallois, patron du groupe de 2002 à 2007. Au début des années 2000, deux prises d'otages de masse en Russie, à Moscou et à Beslan, vont radicalement changer la donne de l'intervention contre des groupes terroristes.

Fin octobre 2002, durant quatre jours, une quarantaine de terroristes tchétchènes prennent en otage un millier de spectateurs dans le théâtre Doubrovka à Moscou. Ils réclament le départ des troupes russes de Tchétchénie. Les forces spéciales russes donnent l'assaut après avoir injecté un puissant gaz incapacitant dans le système d'évacuation de l'air. Tous les terroristes sont tués ainsi qu'une centaine d'otages.

Début septembre 2004, un commando d'une trentaine de séparatistes tchétchènes retient un millier d'enfants dans une école de Beslan (Ossétie du Nord, Fédération de Russie). Les forces spéciales russes donnent l'assaut trois jours plus tard. Le bilan est terrible : 330 morts civils, dont 180 enfants.

« Je comprends assez vite que le GIGN risque d'être dépassé et de ne plus être calibré pour faire face à l'évolution de cette menace qui se militarise », se souvient Frédéric Gallois[14]. Les terroristes tchétchènes ou islamistes sont passés d'un terrorisme de groupuscules et de cellules à un terrorisme de masse, qui opère comme une unité militaire. « Si le GIGN reste uniquement dans un format police, il ne pourra plus faire face demain à une menace qui, elle, sera carrément dans un format militaire », assure Frédéric Gallois, citant la prise d'otages de Beslan. Les groupes terroristes ne comptent plus 3 ou 4 personnes – le format pour lequel le GIGN avait été créé – mais 10, 20 ou 30.

14. *Entretien avec l'auteur.*

« C'est là que je démarre, en 2005, la réflexion sur la réorganisation du GIGN qui aura lieu en 2007 », raconte Frédéric Gallois. Il étudie les schémas d'action de l'« adversaire » et arrive à la conclusion que si le GIGN ne veut pas être dépassé dans la lutte contre terroriste, il lui faut se réorganiser. Il prévient en interne : « Attention, ce n'est pas parce que vous avez réussi Marignane que vous allez réussir la prochaine opération de grande envergure de lutte contre terroriste ».

Pour conduire cette réorganisation, Frédéric Gallois estime que la direction de la gendarmerie devrait faire appel à Denis Favier, ex-commandant du GIGN de 1992 à 1997, car il jouit d'une crédibilité interne et externe. Il va voir le directeur de la Gendarmerie le général Guy Parayre (2004-2008). Il rencontre également le chef du GSIGN[15], le colonel Benoît Host (2001-2004), et son successeur, le colonel Pierre-Yves Cormier (2004-2007). Frédéric Gallois propose d'agréger toutes les unités du GSIGN dans une unité « beaucoup plus massive, avec une capacité d'assaut et de soutien beaucoup plus importante ».

« Denis est assez séduit et partant pour cette réorganisation, alors qu'il n'était pas censé revenir au GIGN », note Frédéric Gallois[16]. À son départ du GIGN en 1997, Denis Favier passe par l'École de guerre et des postes à la DGGN, et commande le groupement de Haute-Savoie. La direction de la Gendarmerie a d'autres projets pour lui mais le général Parayre accepte que Denis Favier, alors colonel et chef du bureau des personnels officiers, retourne à Satory. « À la tête de ce nouveau GIGN, relève Frédéric Gallois, il fallait une pointure vis-à-vis des armées, de la police et du politique. »

Le colonel Favier prend officiellement son commandement à Satory le 7 septembre 2007, en présence du général Parayre.

---

15. *Groupement de sécurité et d'intervention de la Gendarmerie nationale, créé en 1984 et dissous en 2007, composé du GIGN, de l'EPIGN et du GSPR.*
16. Denis Favier devait aller au Centre des hautes études militaires (CHEM), vivier des futurs hauts cadres des armées.

Dans son ordre du jour, le directeur de l'Arme énumère les composantes du nouveau GIGN et ses missions. « Il devra faire face, insiste le général Parayre, en tout temps et en tous lieux, en France comme à l'étranger, à des situations ou des missions supposant l'engagement d'hommes, de moyens ou de techniques hautement spécialisés, dans la lutte contre le terrorisme et le grand banditisme. Il devra assurer la sécurité et la protection des intérêts vitaux de l'État. Projetable, le nouveau GIGN pourra agir seul ou être intégré à des dispositifs impliquant des interactions avec des unités de la Police nationale ou des armées, voire avec des unités de même type de pays étrangers. »

Le patron des gendarmes ajoute que ce nouveau GIGN « comprend dans ses rangs des professionnels hautement qualifiés et aguerris : spécialistes de l'intervention, de la sécurité et de la protection, de l'observation et de la recherche, et de l'appui ». De 400 en 2007, les effectifs s'élèveront bientôt à 500 en 2011, date de départ de Denis Favier, promu général de brigade pendant son commandement.

« Il était nécessaire de changer de braquet et de donner à la France la capacité de prendre en compte les nouvelles menaces terroristes, pour être capable de gérer deux Marignane en même temps, une prise d'otages de masse et des prises d'otages multiples », affirme Denis Favier[17]. Il faut tout à la fois donner à ce GIGN de nouvelles capacités, notamment techniques, tout en n'en perdant aucune, et respecter l'identité de chacune des trois unités fusionnées.

« La réforme a été radicale et très douloureuse à conduire », raconte Denis Favier. Il faut amalgamer trois unités (GIGN historique, EPIGN, GSPR) et construire un nouvel outil opérationnel dans la main d'un même patron avec la protection, l'observation, l'intervention, les moyens spécialisés et la formation. Le tout dans le cadre d'une autonomie complète en matière administrative

17. *Entretien avec l'auteur.*

(avancement, budget, achat des matériels) et de conduite de la réflexion sur le futur de l'unité, avec la création d'une cellule recherche et développement.

« On franchit donc un pas considérable, dit Denis Favier, sauf que des gendarmes le prennent très mal. » Ce projet de réforme touche en effet à ce qui est très sensible, tant au GI qu'à l'EPIGN : culture, brevet, historique. « Dans ce type d'unités quand on touche à ça, on touche au fondamental. »

La période 2007-2008 sera donc très complexe. « Nous savons où nous voulons aller mais il faut y aller prudemment et à coup sûr démontrer la plus-value de la réforme, prendre des opérations en faisant appel à tous les métiers de l'unité, comme en Afghanistan. » Des matériels très modernes sont fournis au GIGN. Une nouvelle caserne voit le jour en moins d'un an avec deux grands bâtiments encadrant l'immeuble emblématique de La Flèche. « Bref, résume Denis Favier, on rebâtit un nouvel outil sans renier le précédent. »

« Cette réforme de 2007 a été compliquée à conduire même si, pour moi, c'était moins difficile qu'à mon arrivée de 1992 », reconnaît-il. Denis Favier dispose d'équipes très structurées, d'officiers pleins d'allant et de la confiance des directeurs généraux de la gendarmerie. « Tout nous réussissait. Nous nous sommes inscrits dans la modernité. »

Frédéric Gallois va suivre de près la réforme de 2007. À cette date, il quitte le commandement du GIGN, mais Denis Favier dont il est proche lui demande de rester pendant deux ans à l'unité pour l'accompagner dans la conduite de la réforme. Il est alors nommé chef d'état-major des opérations (Cemops).

« Au début, relève-t-il, ça a été un peu compliqué parce qu'il y avait de la résistance de la part des plus anciens du GIGN historique, qui ne comprenaient pas pourquoi il fallait changer et, surtout, intégrer des unités périphériques. » Certains ont eu peur de perdre leur culture, leur âme et leurs compétences. D'autres ont craint que le GIGN soit moins sélectif dans le recrutement et d'être noyés au milieu des nouveaux arrivants.

Frédéric Gallois va donc leur expliquer « que l'enjeu était la disparition du GIGN, car l'unité risquait de ne plus être engagée dans des opérations car elle serait alors considérée comme inadaptée ». « Si demain, leur dit Frédéric Gallois, nous voulons lancer des opérations de très haut niveau, nous n'avons pas d'autre choix que de nous réorganiser. C'est ce qui l'a emporté. » Pour lui, cette « réorganisation a été validée par le niveau de compétences opérationnelles atteint assez rapidement par le GIGN ».

Après la réforme de 2007, le GIGN va continuer à entretenir ses capacités historiques et à innover. « Le GIGN a une force : sa capacité d'adaptation et sa rapidité à le faire », affirme Thierry Orosco (2011-2014)[18] qui succédera à Denis Favier. Il n'y a pratiquement plus de détournements d'avions mais le GIGN n'abandonne pas pour autant les entraînements dans ce domaine. « Il faut toujours garder cette capacité parce que ce sont des savoir-faire tellement longs à acquérir que l'on ne peut pas abandonner », insiste Thierry Orosco. En 2007, l'arrivée de l'A380, ce très gros porteur (450 à 800 passagers, selon les versions) avec ses portes à plus de 8 mètres, a révolutionné les procédures d'assaut. Les Swatec, les véhicules d'assaut avec une rampe élévatrice, n'atteignent pas cette hauteur. Le GIGN va donc développer le Sherpa en coopération avec Renault pour monter à l'assaut d'un A380.

Fabriqué par Renault Trucks Defense, le Sherpa est un véhicule léger blindé d'une dizaine de tonnes, équipé d'une plate-forme hydraulique qui peut hisser 10 hommes jusqu'à une hauteur de 8,65 mètres, soit la hauteur des portes des Airbus A380. Le Sherpa a été utilisé en janvier 2015 pour secourir l'homme qui s'était caché sous un évier au premier étage de l'imprimerie de Dammartin-en-Goële où s'étaient retranchés les frères Kouachi.

---

18. *Entretien avec l'auteur.*

De même, le GIGN va continuer à s'entraîner au tir simultané, inventé il y a plus de trente ans par Christian Prouteau. Dix tireurs peuvent ainsi participer à un tir simultané. Cette spécialité, susceptible d'accompagner l'arrivée de la colonne d'assaut, doit se travailler très régulièrement en coordination. « De même pour la plongée qui ne s'improvise pas, il faut absolument entretenir cette compétence et, au-delà, la faire évoluer pour l'adapter à la menace et bénéficier des nouveaux équipements », dit Thierry Orosco. « Il faut donc, répète-t-il, continuer à faire vivre ces acquis, car personne ne peut dire que le GIGN ne fera plus jamais tel ou tel type de mission. »

En 2011, Hubert Bonneau[19] revient à Satory, cette fois-ci comme commandant en second de Thierry Orosco. « Il me demande de réfléchir[20] à l'évolution des menaces, et il crée un bureau de l'anticipation que je vais animer avec Sébastien Forja pour déterminer les adaptations du groupe par rapport à l'évolution de ces menaces. Thierry a alors l'intuition de demander si l'on est bien formatés par rapport aux capacités de l'adversaire. »

« En 2021, il y a l'affaire Mohammed Merah[21] et en 2013 l'attaque d'In Amenas en Algérie[22], puis la tuerie de Nairobi[23]. Dans le cadre de nos relations avec les forces spéciales étrangères, nous nous rendons au Kenya pour des débriefings avec les Kenyans et les Britanniques. Nous avons aussi un retour d'expérience avec les Algériens. Le GIGN avait formé leur groupe d'intervention et nous sommes la seule unité qui a pu avoir un débriefing complet sur In Amenas.

19. *Commandant de l'EPIGN de 1995 à 1998.*
20. *Entretien avec l'auteur.*
21. *Auteur d'une série d'attentats en 2012 qui ont fait sept morts à Toulouse et à Montauban, avant d'être neutralisé par le RAID, le 22 mars 2012.*
22. *Attaque terroriste le 17 janvier 2013 d'un site gazier près d'In Amenas, dans le sud-est algérien, par un groupe jihadiste dirigé par Mokhtar Belmokhta : 30 otages, dont 7 ressortissants étrangers, dont 1 français, sont tués lors de l'assaut de l'armée algérienne.*
23. *Attaque terroriste, le 21 septembre 2013, d'un groupe islamiste dans un centre commercial au cours de laquelle 68 personnes seront tuées.*

« Nous ne sommes plus sur des prises d'otages de masse mais sur des tueries planifiées. Nous allons donc travailler sur de nouvelles manières de manœuvrer. Nous sommes face à des gens qui se sont radicalisés et que rien ne fera revenir en arrière. Il y a une tuerie soudaine avec un effet de sidération sur les populations et les autorités. La deuxième phase, c'est le retranchement des auteurs dès que l'on fait cesser la tuerie, une phase au cours de laquelle les auteurs vont revendiquer leur action. Ils vont essayer de faire durer cette phase de médiatisation. Ils gardent des otages comme bouclier. La troisième phase pour les terroristes est toujours la même, c'est la sortie vers la mort en martyrs.

« Nous allons travailler, sous le commandement de Thierry, sur la logistique, la montée en puissance et la réactivité de l'unité. D'abord au niveau des matériels : généralisation des fusils d'assaut HK 416[24], nouvelles protections individuelles avec l'utilisation des gilets tactiques[25]. L'idée est de protéger davantage les équipiers, même s'il y a des véhicules qui permettent de mieux progresser sous le feu mais qui ne sont pas forcément adaptés à toutes les situations. Ainsi, nous n'avons pas alors de véhicules permettant d'accéder directement aux étages. En 2013, on va recevoir le premier Sherpa.

« À cette période, le GIGN réfléchit aussi aux explosifs, notamment pour les nouveaux avions. Les structures de construction évoluent également. Ce qui nous frappe, c'est l'évolution de la construction des bétons. EDF, par exemple, a une pépinière d'ingénieurs qui réfléchissent sur les centrales nucléaires de demain. Donc, en liaison avec eux, on décide de faire des campagnes de tir inédites sur bétons. EDF nous fournissait des bétons de toutes catégories pour nos tirs de roquettes et nous leur disions quel était le niveau de résistance de tel ou

24. *Arme de fabrication allemande de calibre OTAN 5,56 avec des chargeurs de 20 à 30 balles.*
25. *Gilets pare-balles sur lesquels peuvent être accrochés des chargeurs, des pansements, des garrots ou des perfusions.*

tel type de béton. Ce qui nous a permis d'être en pointe sur les dispositifs d'effraction.

« Le GIGN cherche en permanence à être en pointe sur les innovations, ce qui est l'une des marques de l'unité. On ne se contente pas de dire : "Nous sommes bons sur l'A380 ou l'A320", nous travaillons aussi sur le carbone, matériau de construction des nouveaux avions. Ce qui nous importe, c'est d'avoir toujours la capacité de mener, face à un adversaire retranché, des opérations éclair dans tous les types de situation.

« En 2015, on commence par ailleurs à réfléchir, afin d'être encore plus rapidement au contact, à passer du format section (une vingtaine d'hommes) à des équipes de 6. Faire en sorte de pouvoir, avec une équipe à 6, faire du « *breaching* », du dépiégeage d'assaut, du tir et du sauvetage au combat, quatre des composantes essentielles de l'intervention.

En 2021, le passage des quatorze antennes GIGN (AGIGN) sous le commandement opérationnel et organique du GIGN à Satory, fait basculer l'unité vers un nouveau modèle, le GIGN 3.0. Le GIGN initial et ses 18 hommes (chef compris) de 1974, compte à la veille de son cinquantième anniversaire, près d'un millier d'hommes et de femmes. Une force de frappe unique en Europe.

Les AGIGN avaient succédé en 2016 aux Pelotons d'intervention interrégionaux de Gendarmerie (PI2G). Ces premières antennes furent alors placées sous l'autorité opérationnelle du GIGN, mais uniquement en cas de crise, le commandement organique restant dans la main des commandants régionaux de la Gendarmerie. Une situation pas très satisfaisante en raison de la valeur inégale de ces premières antennes. Le 23 mars 2018, l'officier de gendarmerie Arnaud Beltrame est tué par un terroriste après avoir pris la place d'une otage dans le supermarché de Trèbes[26]. Sa mort héroïque va accélérer la réflexion sur la

26. *Cf. le livre de l'auteur intitulé* « Arnaud Beltrame, l'héroïsme pour servir *(Mareuil éditions, 2018).*

nécessité de placer entièrement les antennes sous le même commandement, celui du GIGN central de Satory.

Cinq jours après le drame de Trèbes, Laurent Phélip (commandant le GIGN de 2017 à 2020) propose, dans un rapport, de rattacher opérationnellement les antennes au GIGN central. « Ce qui restera mon grand regret, c'est de n'avoir pu obtenir ce rattachement et que deux ans ont été perdus », confie Laurent Phélip[27]. Il raconte que, sous son commandement, il avait déjà commencé à faire travailler davantage le GI central avec les antennes. « Nous avons commencé à trouver un équilibre entre l'unité mère, possédant de très importantes capacités et capable de s'engager sur les gros coups, et ses antennes, qui sont ses bras armés en région. Les membres du GIGN central et des antennes sont sélectionnés sur les mêmes tests et font une partie de formation commune. Le jour où l'on se retrouve sur le terrain, on se connaît, on sait comment on va travailler ensemble. C'est à la fois une économie d'énergie et une économie tout court. »

À l'été 2020, Ghislain Réty revient une troisième fois à Satory, cette fois-ci pour commander le GIGN. Il va mettre en place la troisième génération du GIGN depuis sa création. Le GIGN 3.0 va ainsi prolonger la réforme de 2007 qui reposait sur l'autonomisation de l'unité et doubler ses effectifs qui passeront à près d'un millier d'hommes.

## La mise en place du GIGN 3.0

« Le GIGN 3.0, ce n'est pas uniquement l'absorption des quatorze antennes[28][29]. C'est aussi celle des 120 spécialistes de protection, c'est une réforme dans la réforme[30]. Ainsi, les PHP (Protecteurs des hautes personnalités, ex-techniciens en escorte

27. *Entretien avec l'auteur.*
28. Toulouse, Orange, Dijon, Nantes, Reims, Tours, Caen, Guadeloupe, Martinique, Guyane, La Réunion, Nouvelle-Calédonie, Polynésie, Mayotte.
29. Voir en annexe.
30. *Entretien avec l'auteur.*

d'autorité et de sécurisation de sites) sont basculés de leurs escadrons de gendarmerie mobile aux antennes de la Métropole. Du coup, le GIGN qui à l'époque était basé uniquement à Satory avec un théâtre à l'international, passe d'une à quinze emprises (GIGN central à Satory et quatorze antennes). Je commande désormais les PHP des antennes, qui sont au Soudan, en Haïti, au Pakistan. Nous avions seulement la Ligue 1 de l'intervention et de la protection et nous récupérons toute la Ligue 2 de l'intervention et de la protection !

« Tout est alors à construire. Comment faire interagir l'intervention avec la protection ? Comment prendre le contrôle opérationnel et suivre nos théâtres d'opérations ? Le directeur de la Gendarmerie me confie la décision d'engagement des antennes et du GIGN. Il me fait entièrement confiance sur toute la maquette que je lui présente. On a revu les limites d'âge, les formations, l'interopérabilité. Aujourd'hui, le GIGN gère tous ses personnels. Auparavant, lorsque quelqu'un entrait dans une antenne puis changeait de grade, il était susceptible de revenir dans un escadron. Aujourd'hui, quelqu'un qui entre dans une antenne peut aller ensuite outre-mer dans une antenne, revenir en Métropole dans une autre antenne. Tout cela est dans ma main. C'est une accumulation de petites évolutions qui, au final, font une révolution.

« Si le GIGN a pu engager dans les trois grandes traques de 2021 (printemps et été) en métropole 100 personnels[31], également 100 hommes lors du troisième référendum en Nouvelle-Calédonie (décembre 2021) ou 120 gendarmes lors des émeutes aux Antilles (novembre 2021-mars 2022), c'est grâce au GIGN 3.0. Les antennes ne sont plus régionales, elles sont pour moi nationales. Je ne me préoccupe pas du tout de leur zone. Si l'antenne d'Orange est engagée dans la vallée du Rhône, l'antenne de Toulouse peut aller dans la région lyonnaise. Nous avons une capacité de sept

31. *Voir le chapitre consacré aux opérations autres que les quatre grandes opérations.*

antennes en Métropole pour tenir tout le territoire. Même si trois régions (Auvergne-Rhône-Alpes, Hauts-de-France, Bretagne) n'ont pas d'antennes. Nous avons enfin une vraie capacité de manœuvres avec nos antennes et avec le central. De même, dans le cas d'un détournement d'avion sur Toulouse, je mobilise l'antenne qui est déjà sur place et qui, très rapidement, peut mettre 30 personnels en place pour tenir le site. J'envoie aussi des éléments de Satory et, du coup, je peux disposer d'une centaine de personnels du GIGN, spécialisés en intervention. Nous avons augmenté les capacités des quatorze antennes en les formant au contre-terrorisme aérien (CTA). Il s'agit d'une formation de base, mais elles connaissent les avions, savent comment s'en approcher et, en cas d'urgence, elles peuvent intervenir. Certaines antennes sont également formées au contre-terrorisme maritime (CTM).

« La chose la plus dure à faire accepter, ça a été de dire que l'on maintenait deux niveaux entre le GIGN central et ses antennes. J'ai insisté et le directeur de la Gendarmerie m'a suivi mais ce n'était pas gagné. Le GIGN central est vraiment la Ligue 1 et les antennes la Ligue 2. Cela a été dur à faire comprendre mais on risquait de perdre toute l'attractivité et toute la puissance du GIGN 3.0.

« J'ai vu toute cette transformation de la régionalisation, des métiers de la protection, de l'intervention, de la négociation. Le GIGN possède aujourd'hui un maillage territorial. Rien ne nous échappe et tout nous remonte au plus tôt par nos antennes et par nos 350 négociateurs régionaux.

« Dans les années 1990, il y avait un GIGN qui était exclusivement versaillais. Aujourd'hui, il est mondial car nous sommes présents sur tous les théâtres sensibles, dans tout l'outre-mer, sur toute la Métropole. Nous avions une aura internationale. Maintenant nous avons une empreinte territoriale internationale. L'étranger pour le GIGN, c'est le Soudan, l'Ukraine, l'Irak, tout le Sahel, Haïti. Dès qu'il y a un nouveau pays en crise, on s'y intéresse par l'intermédiaire de nos PHP (Protecteurs de hautes autorités). Si c'est sensible, comme le Burkina Faso par exemple, on envoie des personnels de la Force sécurité protection. Si la situation se durcit, on peut aussi renforcer avec des personnels de la Force d'intervention. C'est à la fois une force et une souplesse. Maintenant, nous sommes 1 000, et sur une crise importante, on peut engager 200 personnels du GIGN.

« Ce GIGN 3.0 n'a jamais été aussi fort. Pour les JO, on va pouvoir le constater également. Pour la cérémonie d'ouverture le 26 juillet 2024, je vais aligner 400 personnels du GIGN en pleine zone police. C'est une souplesse et une puissance que possèdent peu d'unités dans le monde. Pour les transfèrements quotidiens de Redoine Faïd, lors de son procès devant la cour d'assises de Paris (septembre-octobre 2023), j'ai mobilisé une antenne. Pour l'opération Wuambushu[32] à Mayotte au printemps 2023, j'ai pris des personnels des antennes de Caen et de La Réunion, ce qui ne pouvait pas se faire avant. Il y a une souplesse d'action car je n'ai pas besoin de validation par la direction de la Gendarmerie. J'engage également les effectifs que je veux. Certaines fois, j'engage des antennes que je vais mutualiser. »

## De la professionnalisation des personnels à la révolution technologique

« Une autre grande évolution, c'est la professionnalisation des gendarmes qui, désormais, peuvent faire carrière au GIGN. Ainsi, quelqu'un qui entre au GIGN à l'âge de 28 ans pourra y passer vingt ans. Il va basculer d'une antenne à une autre, aller de Métropole en outre-mer. Les limites d'âge ont été revues. Avant, tous les grades étaient aux mêmes limites d'âge. Maintenant, j'ai fixé celles-ci en fonction des grades. Je peux les prolonger de deux ans, puis deux ans de plus, et même sur les postes d'appui, encore quatre de plus. Les limites d'âge

32. *Destructions de bidonvilles et expulsions d'étrangers en situation irrégulière.*

vont désormais de 40 à 54 ans. C'est un vrai levier de gestion. Ce qui permet de garder plus longtemps des gens qui donnent satisfaction.

« Aujourd'hui, il y a des antennes de très, très bons niveaux. Nous avons maintenu les missions les plus intéressantes au GIGN central à Satory, aussi bien pour l'observation que pour la protection et l'intervention. Les gens qui entrent au GIGN central veulent un Marignane bis, ce qu'ils ne pourront avoir qu'à Satory. En cas de prise d'otages, les antennes seront dans les premiers arrivants. En même temps, on envoie le GI central et, s'il y a une opportunité d'intervenir pour une antenne, elle le fera. Mais statistiquement, c'est quand même Satory qui fera les plus belles missions. Si une prise d'otages doit durer un peu, c'est le GIGN central qui va arriver.

« Autre évolution, la révolution technologique qui a joué un rôle majeur dans la transformation du GIGN. Une évolution progressive. Je l'ai vu poindre à mon premier passage au GIGN, alors que Denis Marchal[33] était déjà en place. Il était tout seul. Aujourd'hui, ils sont une quinzaine aux moyens spéciaux. Quand je suis arrivé au GIGN, il n'y avait personne pour les SIC (systèmes d'information et de communication), ils sont maintenant une quinzaine. Une division technique a été créée. Aujourd'hui, il y a aussi une cellule spécialisée dans la neutralisation des alarmes et l'ouverture des portes. Il y a aussi une cellule spécialisée dans l'innovation, une autre dans le NRBC (nucléaire, radiologique, biochimique, chimique), une autre dans le cyber.

« Il y a eu aussi le virage numérique. C'est la division technique qui est venue l'ancrer. Nous nous sommes rapprochés de grandes entreprises, Google ou Cap Gemini. Nous avons approfondi nos relations avec nos partenaires de la DGSE et de la DGSI sur les créneaux technologiques, sans oublier le Comcybergend

33. *Fondateur de la cellule des moyens spéciaux au début des années 2000.*

(commandement de la Gendarmerie dans le cyberespace). Le GIGN a pris de nouvelles missions, comme les extorsions de fonds numériques. Que l'on parle en bitcoins ou en euros, de prises d'otages de données ou de personnes, cela répond exactement aux mêmes modes opératoires. Le GIGN représente la France dans le réseau mondial de lutte contre les enlèvements. Aujourd'hui, lors de demandes de rançons, même si l'enlèvement s'est déroulé physiquement, toutes les négociations se font de manière numérique, certaines depuis un pays étranger. Si on ne maîtrise pas tous ces procédés cyber, les techniques de pot de miel[34], de leurre, de bascule de fonds, on ne peut pas négocier. Nous ne sommes plus à l'époque de la dépose d'un sac d'argent au carrefour ! Aujourd'hui, les bascules de fonds se déroulent de façon numérique. Lors d'un enlèvement, il faut évidemment localiser la personne enlevée mais également suivre les flux financiers de la rançon.

« Aujourd'hui, l'outil de travail d'un opérateur, c'est bien évidemment son armement et ses moyens de protection durcis. Mais aussi les nouvelles technologies. Chaque opérateur a un téléphone durci avec les retours des balises, des conversations internes, des ordres maintenant reçus en partie de façon numérique. Chaque opérateur en intervention est destinataire de nombreuses informations. Les délais sont raccourcis sur le plan vertical. Le ministre a quasiment les mêmes informations que l'opérateur sur le terrain, avec les avantages et les inconvénients. Avant, le ministre ne savait pas du tout ce qui se passait sur le terrain, il attendait que quelqu'un l'appelle sur son Rimbaud[35] pour avoir un compte rendu. Les chaînes de décision sont plus courtes et toute la difficulté consiste à maintenir son périmètre de décision dans une chaîne

34. *Un pot de miel informatique vise à créer un piège pour les pirates afin d'obtenir des informations sur leur mode de fonctionnement.*
35. *Réseau interministériel de téléphone fixe chiffré et protégé au niveau secret défense qui comptait quelques milliers d'abonnés : ministères, préfectures, centres opérationnels, opérateurs chargés d'une mission d'importance vitale.*

où le politique peut vouloir faire de la micro tactique. Tout cela va de plus en plus vite et tout le monde veut se mêler de tout. Aujourd'hui, les autorités souhaitent avoir des retours des vidéos faites depuis les hélicos, dans les salles de crise. Mais j'ai 17 ans d'opérations derrière moi et j'essaie de me concentrer sur mon niveau de décision et d'apporter une plus value au niveau inférieur au regard de mon expérience. Avec les retours vidéo dans la salle de crise, les décideurs pourraient avoir tendance à se concentrer sur les détails tactiques et oublier ce qui est stratégique. Et comme tout le monde a les mêmes informations, on ne sait parfois plus qui donne les ordres. Aujourd'hui, le politique peut être renseigné sur tout, ce qui peut être un avantage comme un handicap. »

Prendre en compte davantage l'image

« Autre conséquence de la numérisation, c'est l'hyper médiatisation. Aujourd'hui, il y a un reporter derrière chaque délinquant. Non seulement, c'est un reporter mais en plus, c'est du direct sur les réseaux sociaux. Sur les violences urbaines, le risque était que des gens du GIGN ne soient encerclés par une vingtaine de délinquants, que l'on n'ait pas trop le choix pour se désengager, soit forcer le passage avec le risque d'écraser ou de blesser quelqu'un, soit faire usage des armes, comme le LBD, soit voir brûler un véhicule du GIGN encerclé par 80 manifestants. Dans ce cas, ce sont les délinquants qui auraient gagné la bataille des images en disant : "Nous avons brûlé un véhicule du GIGN et nous, délinquants des cités, nous avons vaincu le GIGN !" Il faudra toujours trouver le compromis entre l'image que nous pouvons apporter et celle que le délinquant peut fournir.

« À Marignane, ce qui a fait la renommée du GIGN, c'est la médiatisation avec les images de l'intervention et celles du retour de l'unité à Orly. La même opération, sans ces images, aurait été beaucoup moins connue. Aujourd'hui, nous partons du principe que tout ce que nous faisons est connu par l'adversaire. À nous de trouver les bons modes opératoires avec des leurres et des diversions. On sait que tout ce que l'on va faire de visible sera pris en compte potentiellement par l'adversaire. Sur une crise majeure, la médiatisation peut aussi nous aider, car on travaille sur la manière de communiquer avec l'adversaire et, aussi avec les otages qui ont un téléphone. Le GIGN a monté une stratégie en la matière dont il est le pilote pour la Gendarmerie et le ministère de l'Intérieur. Nous essayons d'avoir un temps d'avance pour – comme dans l'aïkido – utiliser cette puissance des médias à notre profit. C'est à la fois un atout et une faiblesse, il faut le prendre comme un atout. Il faut connaître les faiblesses pour mieux utiliser les atouts. Pour la fin de la traque des frères Kouachi, il y avait seulement les images du ministère de l'Intérieur, et l'adversaire ne filmait pas. Ce n'était pas du tout le cas dans l'affaire d'Annecy[36]. Les gens ont davantage pensé à filmer qu'à intervenir, voire même à fuir. Aujourd'hui, c'est la course aux images. Et pas seulement celles des reporters de LCI et de BFM, mais aussi celles de chaque citoyen. Ce sera l'un des challenges des JO où il y aura un double écho médiatique, celui des journalistes du monde entier et celui de tous les spectateurs qui filment et retransmettent en direct, sans filtre, et qui pourront être des sources d'information et de désinformation. L'opération de Marignane en 1994, c'était le balbutiement du tournant de l'hyper médiatisation. On dispose de très peu d'images de la prise d'otages de Munich en 1972. Aujourd'hui, pour le même type de prise d'otages, tout le monde filmerait. On aurait 40 000 images et l'impact serait encore plus fort. »

## Entretenir la mémoire

L'évolution de la stratégie face aux nouvelles menaces, l'arrivée des équipements nouveaux, l'augmentation des effectifs et la réorganisation du nouveau GIGN ne sont pas tout. Il faut

36. *Attaque au couteau, le 8 juin 2023 au cours de laquelle un homme a poignardé six personnes, dont quatre jeunes enfants.*

aussi entretenir le souvenir de ceux qui sont morts en service, et garder et renforcer les liens avec les anciens de l'unité qui restent généralement très attachés à « leur GI ».

« Au GIGN, j'ai laissé une marque dont je suis assez fier, c'est d'avoir officialisé en septembre 2017 la célébration de la Saint-Michel, patron des parachutistes », dit Laurent Phélip. Auparavant, le jour de la Saint-Michel, les anciens, les familles des morts en service et les gendarmes d'active se rassemblaient dans la matinée devant les stèles des gendarmes disparus. Désormais, la Saint-Michel se déroule sur l'ensemble de la journée : dans la matinée, un rassemblement devant les stèles, puis dans l'après-midi, une prise d'armes et une remise de fanions, suivies de démonstrations dynamiques des savoir-faire du groupe, devant des détachements de l'unité, en présence des proches et des amis de l'unité, pour terminer par une soirée. « Cette Saint-Michel vise à honorer nos morts, à marquer notre appartenance militaire et à remercier tous ceux qui travaillent avec nous toute l'année. »

« Il y a aussi, ajoute Laurent Phélip, l'Espace Saint-Michel, l'espace de rayonnement du GIGN que nous avons modernisé avec mon second le colonel Quentin de Bennetot[37]. »

---

37. *Cet espace de rayonnement (musée) est installé au rez-de-chaussée de l'immeuble historique.*

# Chapitre IV

## Le baptême du feu

Qui se souvient de Loyada, poste frontière poussiéreux perdu sur la frontière entre Djibouti et la Somalie ? Et d'Ouvéa, avec sa grotte où s'étaient retranchés des indépendantistes canaques ? Peut-être se souvient-on un peu mieux de Marignane où un commando islamiste avait détourné un Airbus qu'il voulait écraser sur Paris ? Plus nombreux, certainement, sont ceux qui n'ont pas oublié Dammartin-en-Goële et la mort des frères Kouachi, auteurs de la tuerie contre *Charlie Hebdo*. Ces quatre opérations, à des degrés divers, ont profondément marqué l'histoire du GIGN. Quatre opérations qu'ont accepté de nous raconter les quatre patrons de l'époque.

### Loyada, la première opération d'envergure

*Le matin du mardi 3 février 1976. Un bus de ramassage scolaire est détourné par quatre hommes armés du Front de libération de la Côte des Somalis en plein centre de Djibouti, le dernier territoire colonial français. À son bord, il y a trente et un enfants âgés de 5 à 12 ans, des militaires français et le chauffeur, un appelé du contingent. Le commando oblige le conducteur à sortir de Djibouti et à se diriger vers la frontière avec la Somalie, à 15 kilomètres. Le véhicule s'immobilise dans un no man's land de sable et de cailloux, près d'une palmeraie, entre les deux frontières. Un enfant est relâché et une assistante sociale rejoint volontairement les autres dans le bus. Les ravisseurs passent de quatre à huit et se relaient à bord du bus. Dans la nuit du 3 au 4 février, neuf gendarmes du GIGN, dont leur chef, le lieutenant Christian Prouteau, arrivent sur place depuis Paris. Six tireurs, armés de fusils de précision FR-F1, prennent position, allongés sur le sol, à 200 mètres du bus. Après des heures d'attente dans une chaleur infernale, Christian Prouteau donne l'ordre de tirer à 15 h 45. C'est l'unique fois dans l'histoire du GIGN où le tir simultané, inventé par l'unité, sera mis en œuvre dans une opération. Cinq preneurs d'otages sont tués en même temps. Deux autres sont neutralisés quelques minutes plus tard. La Légion étrangère donne l'assaut vers le bus, en direction des forces somaliennes qui ouvrent le feu. Les otages sont libérés mais deux fillettes sont mortellement blessées : Nadine, 7 ans, est tuée sur le coup et Valérie, 7 ans décédera quatre jours plus tard à l'hôpital du Val-de-Grâce, à Paris. Quatre enfants, le conducteur du bus et l'assistante sociale sont blessés.*

« Je reste toujours très marqué par Loyada, insiste Christian Prouteau. Nadine est morte dans nos bras et Valérie quatre jours après, à Paris. J'ai toujours considéré que l'opération n'était pas une réussite même si, mondialement, elle a été considérée comme un succès. »

Lors de l'inauguration de l'allée « des enfants et victimes de la prise d'otages de Loyada » au parc André-Citroën à Paris, en février 2023, Christian Prouteau revoit le père de Nadine : « C'est lui qui m'a consolé en me disant : "Ce que vous aviez fait était déjà extraordinaire."

« À Loyada, j'étais persuadé que les soldats somaliens interviendraient mais le gouvernement français n'y croyait pas. Le général Pierre Brasart[1] non plus, parce que le Quai d'Orsay et

1. *Commandant à l'époque, les forces armées du Territoire français des Afars et des Issas.*

l'ambassadeur de Somalie en France lui en avaient donné l'assurance.

« Or, c'est l'intervention de l'armée somalienne qui nous a cloués au sol. Elle a permis au seul survivant des huit terroristes de revenir jusqu'au bus pendant que l'on s'en approchait avec la Légion. Il est monté dans le bus avec un enfant qu'il avait pris dans ses bras pour se protéger et il a pu tirer une rafale avant d'être tué.

« J'ai refait l'opération dans ma tête des centaines de fois. Il nous a manqué dix secondes. Nous avions prévu avec la Légion de nous porter vers le bus en une minute. Mais nous avons été cloués au sol – comme la Légion – pendant plus de deux minutes par un fusil mitrailleur MG-42 sur affût de l'armée somalienne. On trouvera 2 400 douilles près de cette arme qui tire 1 200 coups/minute. Il y avait 300 mètres à faire à découvert.

« À ce moment-là, il était impossible de bouger. Les balles de la mitrailleuse ricochaient, nous étions couverts de sable, comme si nous en avions pris des seaux sur la figure. Quand cette saloperie de MG-42 s'est enrayée, j'ai donné l'ordre de tir. Le gendarme qui avait le bus en face de lui s'est élancé avec son fusil et en a tué deux. Lors du tir simultané, nous en avions descendu cinq : trois dans le bus, deux à l'extérieur, un assis sur le marchepied avant du bus et l'autre sur une caisse. Le sixième fusil était en réserve au cas où il y a aurait eu un raté.

« Au départ j'avais donné l'ordre à mes gendarmes de ne pas tirer sur les soldats somaliens. Ce qui vaudra des demandes d'explications après la plainte déposée par la Somalie à l'ONU, qui assurait que nous avions agressé l'armée somalienne.

« Nous avons progressé avec deux sections du 2$^{e}$ régiment étranger de parachutistes (REP) sur notre gauche et des automitrailleuses légères de la demi-brigade de la Légion étrangère (DBLE) sur notre droite, mais nous avons perdu plus de deux minutes. Ce qui a permis au huitième terroriste de revenir.

« Il nous a manqué les dix secondes qu'il lui a fallu pour monter et arriver jusqu'au milieu du bus. Quand il était au milieu du véhicule, deux de mes hommes étaient sur lui, un à l'arrière gauche et l'autre à l'avant droit. Et il a tiré sur celui qui était à l'avant droit, avec un caporal de la Légion qui est entré en même temps que lui.

« Le papa de Nadine m'a redit : "À partir du moment où l'armée somalienne est intervenue, c'est déjà un miracle que vous ayez pu sauver les autres enfants." »

## Le bain de sang d'Ouvéa

*Le vendredi 22 avril 1988, 35 indépendantistes armés du Front de libération nationale kanak et socialiste (FLNK) attaquent par surprise le cantonnement de 32 gendarmes mobiles et départementaux installé à la brigade de Fayaoué sur l'île d'Ouvéa (Nouvelle-Calédonie). Ils tuent 4 gendarmes à coups de fusil de chasse et blessent grièvement un cinquième à l'arme blanche. Le commando prend les 27 autres gendarmes en otages et pille l'arsenal de la brigade, dont un fusil mitrailleur et des fusils d'assaut Famas. Douze otages sont rapidement relâchés à Mouli (sud de l'île). Les quinze autres sont emmenés dans une grotte à Gossanah (nord de l'île). Leur libération interviendra le 5 mai, après un assaut sanglant (21 morts, soit 19 indépendantistes et 2 militaires du 11<sup>e</sup> Choc) mené par des éléments du 11<sup>e</sup> Choc, bras armé de la DGSE, du commando marine Hubert et du GIGN.*

*Ce drame s'est déroulé pratiquement en totalité entre les deux tours de l'élection présidentielle de 1988 (24 avril et 8 mai) opposant François Mitterrand et Jacques Chirac à l'issue de la première cohabitation de la V<sup>e</sup> République. De graves accusations seront portées contre des militaires français soupçonnés d'exactions et d'exécutions sommaires. La loi d'amnistie du 10 janvier 1990, prévue par les accords de Matignon d'août 1988 sur la*

*Nouvelle-Calédonie, ne permettra pas de trancher sur les responsabilités respectives des indépendantistes et des militaires dans ce bain de sang.*

« Nous sommes mis en alerte tout de suite. Nous partons dans un DC-8 du Cotam[2], se souvient Philippe Legorjus. Nous sommes 60 : un détachement du GIGN (30) et un détachement de l'EPIGN (30) commandé par Michel Pattin, avec son adjoint Éric Pollaillon. Mes deux adjoints sont le capitaine Jean-Pierre Picon et le lieutenant Laurent Timothée qui vient de terminer sa formation. Dans l'avion, il y a aussi le médecin-chef Jean-Michel Churlaud affecté au GIGN, le général de division Antonio Jérôme, commandant la Région de Gendarmerie IDF, accompagnés de deux officiers remarquables, le colonel Gérard Desjardins et le lieutenant-colonel Gérard Vanderperre, venus renforcer l'état-major de la Gendarmerie sur la Grande Terre[3].

« Nous apprendrons, lors d'une escale en Australie, le décès d'un quatrième gendarme à Fayaoué, le major Georges Moulié de l'EGM 24/6 d'Antibes, le père d'Éric Moulié affecté au GIGN. Je lui demande d'ailleurs de ne pas partir avec le détachement et de rester auprès de sa maman et de sa famille. Il le comprend très bien.

« Le voyage va durer plus de 24 heures, via Los Angeles et Papeete, avant d'arriver sur l'aéroport de La Tontouta à Nouméa. À Tahiti, le commandement militaire, m'annonce que ce n'est plus la Gendarmerie qui est chargée de rétablir l'ordre à Ouvéa mais l'armée avec le général Jacques Vidal, chef des Forces armées de Nouvelle-Calédonie. Nous avions avec nous un général de Gendarmerie trois étoiles. Et c'est un général deux étoiles de l'armée de Terre qui commande. Je fais rigoler le commandant de groupement de Gendarmerie en lui disant : "Tiens, j'aurai

2. *Commandement du transport aérien militaire.*
3. *En 1988, la Gendarmerie est dirigée par Régis Mourier, un magistrat.*

vécu quelque chose d'incroyable, la France a déclaré la guerre à un bout de territoire français !"

« À La Tontouta, nous chargeons nos matériels dans des Puma. Direction Ouloup, le petit aéroport d'Ouvéa. Je suis accueilli par le colonel Alain Benson, chef des gendarmes en Nouvelle-Calédonie, et le colonel Alain Picard qui connaît bien les populations locales. Au QG du général Vidal à Gossanah, je découvre l'ambiance mili que je connais bien puisque j'ai passé six mois chez les paras et deux ans chez les commandos marine. Le général Vidal m'explique qu'il a chargé le colonel Benson de récupérer les otages emmenés dans le sud mais qu'il n'a toujours pas retrouvé les otages emmenés au nord. Des militaires de l'infanterie de marine quadrillent la forêt tropicale, très accidentée et impénétrable, où il est très facile de se dissimuler.

« Mon détachement est maintenant au complet à Ouvéa et je me mets à la disposition du général Vidal. Je dis pourtant au colonel Benson que l'on se trouve dans le cadre d'une opération de police judiciaire, qu'il y a un procureur avec nous et qu'il faut gérer cette prise d'otages comme on a l'habitude de le faire. Ce n'est pas le cas. C'est maintenant une opération avec des méthodes militaires, comme le quadrillage de terrain. Pour autant, il n'y a pas eu de volonté du commandement, à aucun moment, de faire ce dont certains militaires ont été accusés après, c'est-à-dire de torturer les gens. Il y a pu avoir des gestes déplacés mais à aucun moment, il n'y a eu de violences voulues ou organisées.

« Au bout de deux jours, le GIGN participe aux recherches. Et, on commence comme on le fait en Métropole, à parler avec les vieux pour voir les liens familiaux, ceux qui manquent dans les familles locales. On essaie de recomposer un peu le passé de ceux qui détiennent les otages. Les recherches se font sous la houlette du procureur Jean Bianconi, et en présence des gendarmes officiers de police judiciaire. À un moment, on commence à nous mentionner la grotte des Anciens où pourraient se trouver les otages. Au bout de trois jours, l'armée n'a toujours rien trouvé alors qu'une quarantaine de personnes (otages et preneurs d'otages) sont recherchées.

« Patrick Destremau[4] nous annonce un soir qu'il va aller explorer, avec un guide, la zone où pourrait se trouver la grotte des Anciens. Je le suis à distance en lui disant que, s'il se passe quelque chose, je pourrai donner l'alerte et demander des renforts. C'est exactement ce qui va se passer.

« J'entends des cris au milieu de la forêt. Je suis tout seul et à 50 mètres de distance. Je suis en contact radio avec le GIGN. Je vois que cela s'agite devant moi. Il y a des cris et des bagarres. En fait, Patrick Destremau s'est fait faire aux pattes avec son guide. On sait donc qu'il a marqué la zone. J'appelle Michel Pattin et je rends compte au général Vidal. Le GIGN prend la main avec l'escadron para, soit une cinquantaine de gendarmes. On encercle la zone à la nuit tombée. L'endroit est une forêt tropicale fixée sur des coraux. La végétation ne dépasse pas les cinq mètres mais elle est très dense. Il y a de toutes petites clairières et des passages très étroits. La zone est quasiment impénétrable. Nous n'avons aucun point de repère à part les cris que l'on continue à entendre. Puis on trouve la grotte des Anciens. On fait un large cercle autour du point ou Patrick Destremau et son guide sont retenus. On attend que la nuit passe. L'aube se lève. On voit alors qu'on est à une trentaine de mètres. On nous tire dessus. On tente de les localiser plus précisément et d'engager le dialogue.

« Le procureur Jean Bianconi nous rejoint. Il me dit qu'il a déjà eu à traiter des prises d'otages et qu'il va aller à la grotte. Je lui dis de ne pas le faire. Il s'y dirige pourtant. Je retire mon ceinturon et le laisse à mes gendarmes. Je rattrape le procureur car je ne veux pas le laisser partir tout seul. Ça a été chaud tout

4. *Chef de peloton à l'escadron blindé du Régiment d'infanterie de marine du Pacifique Nouvelle-Calédonie (RIMaP-NC).*

de suite. J'étais en tenue GIGN avec les insignes. Des preneurs d'otages, armés jusqu'aux dents, nous bousculent mais sans nous frapper. Sur le coup, je pense que je viens de faire une grosse bêtise mais je ne pouvais pas laisser le procureur se faire prendre en otage seul.

« Ils nous emmènent en direction de la grotte. Je regarde les lieux et je me dis que l'on ne pourra pas intervenir. Tout autour, il y a des blocs de coraux. C'est comme un château fort avec des créneaux, qui peuvent faire office de positions de tir. Il y a une cuvette de 70 mètres. Au fond, il y a la grotte des Anciens à laquelle on accède par un sentier très étroit. Nous restons sur le surplomb de la cuvette où nous rencontrons leur chef, Alphonse Dianou[5]. Il nous fait un long discours, très militant et dur. Près de lui, il y a deux ou trois Kanaks très virulents qui menacent d'exécuter un des otages si les gendarmes du GIGN qui sont avec moi ne viennent pas se rendre tout de suite. Ils font alors monter du fond de la grotte un gendarme mobile qu'ils attachent à un arbre. Wenceslas Lavelloi[6] nous dit que, si tous les gars qui sont avec nous ne viennent pas tout de suite, il lui tire une balle dans la tête. Il sort une arme et aligne le gendarme mobile. Je lui dis alors que je vais faire venir les gendarmes qui sont avec moi mais qu'ils ne sont pas nombreux. J'analyse la situation, et je me fais la réflexion que si j'ai une équipe dans la grotte, même désarmée, elle sera toujours utile en cas d'intervention. Je leur demande : "Si je fais venir l'équipe qui est avec moi, acceptez-vous de pas exécuter ce gendarme ?"

Réponse : "On attend que tu viennes avec tes hommes."

Je crie alors : "Aux cinq qui étaient avec moi, venez me rejoindre tout de suite." Comme la forêt est très dense, j'ai joué sur le fait que les preneurs d'otages ne pouvaient pas voir que

5. *Un ancien séminariste chargé des jeunes du FLNKS.*

6. *Surnommé Rambo, meurtrier de deux gendarmes à la brigade de Fayaoué, selon les témoignages des otages, et qui sera tué lors de l'assaut.*

nous étions cinquante. Et alors, cet idiot de Jean-Pierre Picon – et je lui en ai voulu jusqu'à sa mort ou presque – s'est dit : "Philippe est dans la merde, je ne peux pas l'y laisser." Je vois arriver Jean-Pierre et je me demande qui va diriger le GIGN. Il ne reste plus que mon autre adjoint, le lieutenant Timothée. À l'arrivée de Jean-Pierre Picon et de cinq autres gendarmes du GIGN, les preneurs d'otages se calment. Ils redescendent le gendarme mobile et les six gendarmes du GIGN au fond de la grotte.

« Jean Bianconi et moi, nous commençons à discuter avec Alphonse Dianou. Je lui dis que je suis envoyé par la direction de la Gendarmerie pour entendre leurs demandes. Le dialogue est long car Alphonse Dianou parle beaucoup de l'identité culturelle des Kanaks, de leur histoire ancienne et de la colonisation. Je me rends compte très vite qu'ils ont tous soif et faim, comme les otages, car le quadrillage mis en place par le général Vidal les a empêchés de sortir pour se ravitailler.

« J'arrive à convaincre Alphonse Dianou que je suis en mesure de faire livrer à tout le monde de l'eau et des vivres. Avec le poste radio du lieutenant Destremau, pris en otage la veille, je demande au QG du général Vidal et à des officiers de Gendarmerie de préparer tout ça. Un petit hélico de Gendarmerie se pose pas très loin, et des porteurs de thé[7] vont récupérer l'eau et les vivres. Quand ils reviennent à la grotte, la tension baisse. Ça ne dure pas très longtemps. À la tombée de la nuit, des coups de feu sont entendus à un kilomètre de là, où se trouve la tribu de Gossanah. Du coup, les Kanaks pensent que l'armée est en train de tuer leurs familles. Je propose alors à Alphonse Dianou de me laisser partir pour aller demander au général Vidal de faire cesser les tirs. J'ajoute que je reviendrai le lendemain matin pour l'assurer que les familles sont en bonne santé. Alphonse Dianou accepte après avoir réuni son conseil.

7. *Jeunes Kanaks chargés du ravitaillement.*

« Je quitte le secteur, je fais 200 mètres et je me fais tirer dessus par un fusil-mitrailleur des marsouins qui tenaient l'autre bout du sentier. J'ai juste le temps de me jeter dans les fourrés en gueulant : "Je suis le capitaine Legorjus. Arrêtez vos conneries !" On m'emmène à Gossanah où se trouve le QG du général Vidal. Là, j'explique que je ne me suis pas évadé, que j'ai convaincu les preneurs d'otages que l'on allait résoudre pacifiquement les choses mais qu'il faut cesser les tirs et que j'ai promis de retourner à la grotte. On me répond que c'étaient des soldats du Rimap qui ont tiré sur des animaux pour se faire à manger et qu'il n'y a pas eu d'agression contre les populations.

« Je reprends un hélico pour aller expliquer la situation à Bernard Pons[8] qui se trouve sur la Grande Terre à Nouméa. J'étais depuis trois jours dans la même tenue, ni rasé ni lavé. Il me donne un peignoir et je vais prendre une douche pendant qu'il organise la réunion. Il y a Bernard Pons, ses conseillers, le représentant de la DGSE, le général de l'armée de l'Air Bernard Norlain, chef du cabinet militaire du Premier ministre Jacques Chirac, et le général Vidal. Pendant la réunion, je leur dessine la grotte et les postes de combat, et leur donne le nombre des preneurs d'otages. Je leur avoue que je vais y retourner car je m'y suis engagé et que je peux prendre en main, avec leur feu vert, une négociation avec les preneurs d'otages.

« Je retourne ensuite à Ouvéa, puis à la grotte, avec des cigarettes et des petits cadeaux. On a fait la coutume[9]. On passe l'après-midi à discuter dans le calme. Je demande à mes interlocuteurs quelles sont leurs revendications et comment on pourrait se sortir de la situation. Ils me répondent que, depuis qu'ils ont pris le maquis, ils n'ont plus de contact avec les commanditaires du FNLKS. Ils m'expliquent aussi comment a été organisée l'attaque de la brigade de Fayaoué, et que le commanditaire de

8. *Ministre des DOM-TOM du gouvernement Chirac.*
9. *Apporter des petits cadeaux avant d'entamer une rencontre, selon les traditions kanaks.*

l'opération est Franck Wahuzue[10], Yeiwene Yeiwene étant chargé des opérations sur la Grande Terre. Je demande alors à Alphonse Dianou de me donner les coordonnées de Franck Wahuzue pour que je puisse aller le voir et le mettre à la table des négociations avec l'État français pour trouver une solution. Je repars en leur disant que je les tiendrai au courant régulièrement par la radio du lieutenant Destremau. Je finis par voir Franck Wahuzue pendant dix minutes. Mutisme complet : "On n'a rien fait." Il refuse de participer aux négociations puisqu'il assure n'avoir rien à négocier, n'étant pour rien dans cette affaire.

« Pendant ce temps, les militaires préparent un assaut. Ils mobilisent une quinzaine d'hommes du commando Hubert commandé par le capitaine de corvette Laurent Jayot, une trentaine de soldats du 11e Choc, les forces spéciales de la DGSE commandées par le lieutenant-colonel Jean-Jacques Doucet, et une équipe lance-flammes du 17e RGP. Dans le dispositif, il y a aussi une quinzaine de gendarmes du GIGN et de l'EPIGN.

« Je me dis que, politiquement, ils sont fous. Ils sont en train de monter une opération purement militaire. Certes, en face, il y a une vingtaine de Kanaks armés et qui savent se servir de leurs armes, mais cette prise d'otages est d'une dimension que le GIGN est capable de traiter. Il n'y a pas besoin de monter une opération militaire. Au même moment, d'autres négociations se déroulaient directement depuis l'Élysée. J'ai su ensuite que François Mitterrand jouait une autre carte et je n'ai jamais compris pourquoi il avait donné le feu vert pour l'assaut.

« Après la carte Franck Wahuzue, qui a fait chou blanc, j'en ai une seconde en main. J'explique à Alphonse Dianou, par radio, qu'une équipe de deux journalistes d'Antenne 2, chaîne à l'époque très appréciée en Nouvelle-Calédonie, est prête à venir dans la grotte pour entendre leurs revendications. Ce qui permettrait de

10. *Un des membres éminents du FLNKS et éminence grise de Jean-Marie Tjibaou, le fondateur du FLNKS.*

les répercuter sur la scène internationale. En contrepartie, après l'interview, je lui demande de mettre en place un processus de libération des otages. Avant de quitter la grotte, j'avais expliqué à Alphonse Dianou, que si l'on arrivait à une reddition pacifique, il n'y aurait des poursuites judiciaires que contre les deux Kanaks qui avaient tiré sur les gendarmes, son frère Hilaire Dianou et Wenceslas Lavelloi. Je m'engageais à assurer moi-même leur protection et à ce qu'ils aient un procès équitable.

Les preneurs d'otages sont très heureux de la venue d'une équipe de télévision. Ils envoient même des porteurs de thé à Gossanah chercher des vivres supplémentaires pour bien accueillir les journalistes et pour faire la coutume.

« Parallèlement, je vois très bien que le général Vidal est en train de monter l'opération militaire "Victor". De mon côté, je continue à monter une opération pacifique de libération des otages. Je grimpe dans un hélico avec les deux journalistes. L'hélico se met en route et, avant qu'on ait décollé, le pilote reçoit l'ordre de couper les moteurs car l'opération est annulée. Bernard Pons m'annonce que, pour des raisons politiques, il n'est pas possible de réaliser cette interview. L'opération "Victor" a été décidée parce que l'on est à quelques jours du second tour de l'élection présidentielle entre François Mitterrand et Jacques Chirac. Mitterrand, qui pourtant avait promis des négociations avec les indépendantistes, donne le feu vert pour l'opération.

« Elle est prévue pour le 4 mai, jour où les conditions météo étaient très favorables. Mais le processus de décision entre le ministère de la Défense, Matignon et l'Élysée n'a pas pu se faire dans les délais pour tenir cette date. Si l'on avait donné l'assaut le 4 mai, alors qu'il pleuvait, les preneurs d'otages se seraient réfugiés dans la grotte ou sous les blocs de coraux et n'auraient plus tenu leurs positions. Le jour de l'assaut, décalé au 5 mai, il fait très beau, c'est le carnage. Ça tire de partout. La première partie de l'assaut est très, très dure. L'adjudant Régis Pedrazza et le 2$^{e}$ classe Jean-Yves Vernon du 11$^{e}$ Choc sont tués.

Le lieutenant Timothée est touché d'une balle de 7,65 mm dans la tête[11]. Jean-Marie Grivel du GIGN prend une balle dans l'épaule. Côté preneurs d'otages, il y a douze morts.

« La première partie de l'assaut est terminée. Le pourtour de la grotte est tenu. Les otages et les preneurs d'otages sont réfugiés au fond de la grotte. Quatre preneurs d'otages tirent encore depuis la partie haute de la grotte et deux dans la partie basse.

« Quand j'ai su qu'il y aurait un assaut, j'ai fait savoir au ministère de la Défense[12] que je me refusais à y participer car il ne laisserait aucune chance aux otages de s'en sortir et que j'allais tenter de faire parvenir des armes aux otages. Jean Bianconi, qui avait fait plusieurs allers-retours entre la grotte et Gossanah pour rapporter des vivres, était fouillé au début. Ensuite, plus personne ne le fouillait. Je l'ai convaincu de faire passer des armes aux gendarmes détenus dans la grotte. Tout le monde peut le remercier d'avoir accepté car, grâce à lui, tous les gendarmes en sont sortis vivants. Je lui ai scotché sur le corps deux revolvers Smith & Wesson .38 special, avec dix cartouches. Lors de l'assaut, certains preneurs d'otages ont voulu exécuter des gendarmes réfugiés dans le fond de la grotte. Deux gendarmes, dont Jean-Pierre Picon, ont alors tiré, tuant un des preneurs d'otages et faisant fuir les autres. Jean Bianconi, à qui j'avais demandé quelque chose qui était contraire à son éthique de magistrat, avait accepté de le faire après que je lui aie dit : “À un moment, il vaut mieux faire un mal inférieur à un mal supérieur.” Il a été formidable et, grâce à lui, tous les otages ont été sains et saufs.

« À la fin de l'assaut, des gaz lacrymogènes et des grenades assourdissantes ont été lancés par le GIGN dans la grotte. Le lance-flammes a été utilisé, non pas pour brûler les assiégés,

---

11. *Soigné dans un hôpital australien, l'officier fera ensuite une belle carrière en gendarmerie.*
12. *En 1988, la Défense est le ministère de tutelle de la Gendarmerie.*

mais pour permettre aux équipes de progresser sans être vues. En sortant, Alphonse Dianou, qui n'avait pas d'arme létale, brandissait son casse-tête qu'il portait toujours avec lui. Il s'est précipité sur le premier gendarme devant les autres pour lui donner un grand coup sur le crâne. Le gendarme du GIGN avait un fusil de chasse et lui a tiré à 5 mètres une décharge de chevrotines dans les jambes. Entre-temps, Jean-Pierre Picon avait repéré une petite cheminée pour sortir de la grotte par un autre endroit. Il est remonté vers nous avec tous les otages.

« C'était dantesque. Ça tirait encore partout. Des Kanaks ont voulu partir dans la forêt. Trois ou quatre ont été tués après l'assaut mais c'étaient des Kanaks qui avaient profité de la confusion générale pour essayer de fuir.

« Pendant la seconde partie de l'assaut, j'étais un peu en arrière du dispositif et je n'ai pas commandé et ce parce que je n'avais pas pu me préparer. »

## Marignane, l'assaut en direct

*Le samedi 24 décembre 1994 en fin de matinée, sur l'aéroport Houari Boumedienne à Alger, le vol AF 8969 (239 personnes à bord, dont douze membres d'équipage, dans un Airbus A-300) s'apprête à décoller pour Paris. Un commando du Groupe islamique armé (GIA), composé de quatre jeunes hommes armés pénètre dans l'avion, place des explosifs et demande la libération de deux dirigeants islamistes emprisonnés. Le gouvernement algérien négocie. En France, le GIGN est mis en alerte. Le commando libère par petits groupes 63 personnes mais tue deux otages, un Algérien et un Vietnamien. Le lendemain dans la soirée, un troisième otage, un Français, est tué. À la demande de la France, le gouvernement algérien laisse finalement décoller l'Airbus dans la nuit de dimanche à lundi. Le lundi 26 décembre à 2 h 00 du matin, l'Airbus quitte Alger avec 173 personnes à bord et les quatre membres du commando. Il se pose une heure plus tard à l'aéroport de Marseille-Marignane sur une piste à l'écart de l'aérogare.*

*Toute la journée, les négociations sont menées avec le commando qui exige que le plein soit fait pour repartir pour Paris. À 15 h 45, le commando oblige le pilote de l'appareil à se rapprocher de la tour de contrôle. Un de ses membres tire en direction de la tour. Le GIGN monte un plan d'assaut d'urgence et à 17h00, l'ordre est donné de lancer l'assaut. À 17 h 12, trois passerelles motorisées, pilotées chacune par un gendarme, se dirigent vers l'appareil. La première emporte huit hommes, dont le commandant du GIGN Denis Favier, et se positionne sur la porte avant droite. Un gendarme ouvre la porte. Les quatre terroristes, regroupés à l'avant de l'avion, devant le poste de pilotage, avant de s'y retrancher, ouvrent un feu nourri sur les gendarmes. En même temps, les deux autres passerelles – emportant chacune onze gendarmes – se positionnent sur les portes arrière gauche et arrière droite. Ces gendarmes entrent et remontent l'allée centrale de l'Airbus vers le poste de pilotage pour faire évacuer les passagers. Une minute plus tard, les toboggans se déploient. En moins de quatre minutes, tous les passagers et les membres d'équipage, – sauf le commandant de bord et le mécanicien bloqués dans le poste de pilotage –, sont évacués. Le copilote a pu quitter le poste de pilotage en sautant par un hublot. La fusillade oppose les quatre membres du commando et les gendarmes dans l'appareil, soutenus par les tirs de fusils de précision FR-F1 demandés par radio par Denis Favier. 17 h 32. « Ici le commandant de bord, ne tirez plus, ils sont tous morts. »*

*L'assaut a duré 20 minutes ; 1 500 balles ont été tirées. Les quatre terroristes sont morts. Les 173 otages sont sains et saufs ; 9 gendarmes sont blessés ; une soixantaine de gendarmes du GIGN et de l'EPIGN ont participé à l'opération. Après 54 heures d'extrême tension, la crise est terminée. Cette opération reste à ce jour la plus importante libération d'otages réalisée à bord d'un avion.*

« Quand j'arrive à l'unité, j'ai tout à apprendre, reconnaît Denis Favier, même si j'ai déjà des repères sur les opérations élémentaires. L'avion, c'est le cadre ultime, c'est la prise d'otages paroxystique. C'est un tube. On ne peut pas en sortir. C'est difficile à approcher. Dans les années 1975-1990, c'est un sujet très sensible. Une angoisse à la fois pour les gouvernements et les unités d'intervention, aussi bien en France qu'à l'étranger. C'est donc un sujet qui m'a inquiété très tôt, d'autant plus que le GIGN est partie prenante dans le plan Piratair[13]. Nous avions déjà beaucoup travaillé dans ce domaine. Il y avait déjà des entraînements du GIGN conduits régulièrement à Roissy et à Orly sans oublier des exercices annuels menés avec des instances gouvernementales pour activer le plan Piratair.

« Nous avions retravaillé les conventions avec Air France, tous nos plans et maquettes d'appareils, les conventions avec les services de piste et les équipages. Nous avions également développé des modules de formation avion, particulièrement en 1993. Avec Air France, les rapports étaient vraiment très bons. Une convention permet la mise à disposition régulière par Air France d'avions pour nos entraînements. Il y a également un protocole avec Air France pour la mise à notre disposition d'un appareil tout à fait identique à celui qui serait détourné, comme ce fut le cas à Marignane.

« Marignane, c'est une opération extrême et lourde, avec tous les ingrédients d'une crise majeure : relations conflictuelles entre deux États, période de fêtes (Noël), nombreux otages, nature du terrorisme. Une opération qui correspond à ce pourquoi le GI[14] a été créé. Le gouvernement met très rapidement en place le plan Piratair qui prévoit donc l'engagement du GI. Personne ne se précipite pour prendre notre place. Tout le monde sait que les risques sont énormes. Il n'y a aucune unité qualifiée qui

13. *De la famille des plans de défense régulièrement remis à jour, le plan Piratair est déclenché par le Premier ministre en cas de prise de contrôle d'un avion par des terroristes.*
14. *Lors des entretiens, les chefs du GIGN utilisent plus volontiers « GI » ou « groupe » que « GIGN ».*

s'est autant entraînée que nous, notamment entre 1993 et 1994. Nous sommes avisés le 24 décembre en fin de matinée. Je suis en vacances et c'est Olivier Kim[15] qui assure la permanence. Je reviens très vite et j'arrive à Orly vers 16 h 00.

« Je pars en réunion de crise au Quai d'Orsay, présidée par le directeur de cabinet (Dominique de Villepin) du ministre (Alain Juppé). J'y participe avec le commandant du GSIGN, le colonel Gilles Janvier. Au cours de cette réunion interministérielle, il est décidé de projeter le GIGN à Majorque aux Baléares. Je pars dans un Falcon avec huit gendarmes (commandement et négociation). Un Airbus A-300 d'Air France, le même modèle que celui qui a été détourné, suit avec Olivier Kim et le reste de l'unité. Jean-François Tardy, numéro 3 du groupe, en vacances, nous rejoindra à Marignane avec une équipe de renfort. À Majorque, le groupe reste dans l'avion. Je suis dans la tour de contrôle de l'aéroport de Majorque. Durant la nuit, il y a des contacts entre les gouvernements algérien et français. La crise s'éternise. Les Algériens ne veulent pas laisser décoller l'avion d'Alger. Question de fierté nationale. Il y a déjà eu deux morts. La police algérienne n'est pas capable de monter un assaut de cette nature. Quelques otages sont libérés. Très vite, je comprends que l'on n'ira pas à Alger. Il y a des gendarmes à Alger pour protéger l'ambassade de France et ses diplomates[16] : un détachement de l'EPIGN commandé par Hubert Bonneau[17] et un gendarme du GIGN en cas de prise d'otages. Il est évident que l'avion retenu à Alger ne doit pas décoller pour Paris[18], une destination rapidement écartée par le politique et par nous. Les tensions sont vives

15. *À l'époque officier en second de l'unité, le général de corps d'armée Olivier Kim est aujourd'hui directeur des opérations et de l'emploi (DOE).*

16. *Quatre mois auparavant, en août, un commando du GIA avait pénétré dans un immeuble résidentiel abritant des diplomates et des gendarmes français. Bilan cinq Français tués, dont trois gendarmes mobiles.*

17. *Futur chef du GIGN de 2014 à 2017.*

18. *Un responsable et transfuge du GIA révélera plus tard que les pirates de l'air du GIA voulaient faire exploser l'avion d'Air France au-dessus de la tour Eiffel.*

à cette époque entre les gouvernements algérien et français. Ça tergiverse. Nous prenons alors la décision de nous positionner par anticipation à Marignane. Ce sera un point clé dans le déroulement de l'opération. Nos contacts avec les Algériens nous laissent penser que les terroristes accepteraient que l'avion décolle pour un aéroport du sud de la France, qui aurait pu être aussi bien Nice que Montpellier. Le choix stratégique de Marignane s'est avéré payant. Quand l'avion se posera à Marignane, nous serons déjà là.

« Les choses s'enveniment dans la soirée du 25 sur l'aéroport d'Alger. Yannick Beugnet, le cuisinier de l'ambassade de France à Alger est tué. Là, le gouvernement d'Édouard Balladur négocie le départ de l'avion. À Alger, on complète le plein de kérosène et l'avion décolle pour Marignane. Quand il se pose, je suis installé avec les négociateurs dans la tour de contrôle où se trouve également la salle de crise. Nous savons où nous allons faire stationner l'avion et installer nos appuis. Très vite nous mettons en place un premier dispositif de réaction pour faire face à l'urgence autour du triptyque négociation/appui/assaut. Le dispositif prévu pour l'assaut se monte à trente. Huit tireurs sont à l'appui. Il y a trois négociateurs. Nous sommes renforcés par une trentaine d'hommes de l'EPIGN qui seront chargés de récupérer les otages au bas de l'avion.

« L'avion atterrit, vers 3 h 00 dans la nuit de dimanche à lundi, puis roule guidé par une voiture de piste. Il s'immobilise près de l'endroit où sont nos tireurs. Nous avons un temps d'avance, ce qui stratégiquement est important. Quand l'avion arrive, je comprends alors que nous sommes responsables du traitement de la crise : il y a près de 200 otages, et déjà trois morts, les membres du commando sont déterminés. Pour moi, il y a une première image très forte, celle de l'arrivée de l'avion dans la nuit. Maintenant, c'est à nous de jouer de concert avec les autorités politiques. À Majorque, c'était le ministre des Affaires étrangères Alain Juppé. À Marignane, c'est le ministre de l'Intérieur Charles Pasqua, qui est à Paris, et le directeur général de la police nationale (DGPN) Claude Guéant. Le directeur général de la Gendarmerie nationale (DGGN)[19] est peu présent. Je suis donc en prise directe avec le plus haut niveau politique.

« Il faut résoudre la crise avec un préalable impératif : l'avion ne doit pas redécoller de Marignane. Et il faut donc régler la prise d'otages sur place. L'assaut sur un avion, c'est ce qu'il y a de plus délicat. Il faut envisager toutes les hypothèses, en particulier celle de la reddition par la négociation. On privilégie la négociation pour obtenir des libérations d'otages et affiner nos renseignements : la structuration du commando, son armement, sa position dans l'appareil. Nous prenons en compte les déclarations des otages libérés. Nous essayons de voir ce qui se passe dans l'avion. Un travail à la fois technique et tactique.

« Avec la pression politique en plus, car l'avion étant là, le politique veut que tout se règle très vite. Mon problème, c'est de faire comprendre au politique qu'une prise d'otages dans un avion, c'est compliqué, et que ce n'est pas parce que l'avion est à Marignane que tout va se régler dans le quart d'heure. J'ai un peu de mal à convaincre. Je passe par le préfet de région mais quand ça bute, je traite directement avec le ministre de l'intérieur ou ses représentants. Ce que je veux, c'est obtenir du politique ce que l'on appelle la "détermination des conduites à tenir" en fonction de la situation. Par exemple, si les terroristes tirent, nous lançons un plan d'assaut d'urgence sans redemander l'aval de Paris, en riposte immédiate. Le politique accepte que l'on négocie et que, si les terroristes passent à l'acte, on lance un plan d'assaut d'urgence pour mettre un terme immédiat à la situation. On travaille aussi la possibilité de tirer le bénéfice d'une opportunité si, par exemple, les terroristes ont une baisse de vigilance. C'est le plan d'assaut délibéré. Le GI travaillera toute la journée sur les hypothèses de plan d'assaut d'urgence et de plan d'assaut délibéré, jusqu'au moment de l'assaut à 17 h. Mais

19. *Patrice Maynial, un magistrat.*

le temps du politique n'est pas le même que le nôtre car il veut un résultat pour le JT de 13 h ou celui de 20 h.

« Cette prise d'otages sera extrêmement formatrice en matière de gestion de crise. En matière stratégique, la “détermination des conduites à tenir” est essentielle. L'avantage, c'est que si quelque chose se produit, il n'est pas besoin de réactiver toute la chaîne de décision. Bien nous en a pris. La négociation – très dure – est bien menée par nos gendarmes. On obtient des avancées, puis il y a de l'énervement et des reculs. Dans le courant de l'après-midi, on sent monter très vite la tension. Les terroristes font réciter la prière des morts, ce qui veut dire que les otages qui sont déjà désignés vont mourir. Parmi eux, un steward sait qu'il va mourir. L'ambiance dans l'avion est mortifère.

« L'avion bouge et va se placer sous la tour de contrôle. C'est un moment de bascule. Le commando sait très bien que tout se passe autour de la tour de contrôle. C'est un moment embêtant pour nous car il nous faut redéployer notre dispositif d'appui. Quand l'avion se déplace, les gendarmes qui doivent mener le plan d'assaut délibéré ou le plan d'assaut d'urgence sont prêts, mais nous n'avons plus de dispositif d'appui avec sa puissance de feu. Nous réarticulons notre dispositif en quelques minutes. Les gendarmes en appui quittent leur position et s'installent sur les toits de l'aérogare. Ils sont en face de l'avion, à 134 mètres, mais ils ne couvrent que la partie latérale droite. La tension monte encore. Le commando tire sur la tour de contrôle. Nous allons déclencher immédiatement l'assaut d'urgence, la solution la plus défavorable, pour mettre fin aux exactions. C'est un plan d'assaut d'urgence sur trois entrées (deux sur les arrières droit et gauche de l'appareil, une sur l'avant droit). C'est un mouvement discret parce que nous sommes cachés sur les échelles mobiles. Nous sommes pris à partie par deux terroristes, qui tirent à la kalachnikov depuis l'arrière de l'avion.

« Il y a eu plusieurs ultimatums durant la phase de négociation et, à chaque fois, nous étions prêts à réagir très vite en fonction

Dans la caserne de Maisons-Alfort en septembre 1974, les dix-huit gendarmes du GIGN autour de Christian Prouteau. Au premier rang de gauche à droite : Bernard Feutry, Jean-Paul Vissac, Renaud Montrot, Ignace Wodecki, Jacques Dufour, Daniel Delafrenée, Régis Duquenne. Au deuxième rang, de gauche à droite : Norbert Jeandenant, Etienne Laisney, Robert Andreini, René Renaud, Christian Prouteau (lieutenant, les bras croisés, cheveux longs et grand sourire), François Rudent, René Toitot, Daniel Grandil, Jean-Marie Forest, Claude Lepouzé (moustache, major et adjoint de prouteau), Roger Madec *(Collection personnelle Christian Prouteau)*.

Vue aérienne de l'immeuble historique du GIGN surnommé La Flèche, dessiné par Prouteau, et dans lequel l'unité s'est installée en 1983 *(Collection personnelle Christian Prouteau)*.

Des gendarmes du GIGN avec les 504 break Peugeot qui équipèrent l'unité de 1976 et 1979 *(Collection personnelle Christian Prouteau)*.

Des gendarmes du GIGN tirent au revolver MR73 à la caserne de Maisons-Alfort devant des officiers supérieurs *(Collection personnelle Christian Prouteau)*.

Photo de groupe d'une trentaine de gendarmes du GIGN dans la caserne de Maisons-Alfort, avec la super R5 Alpine Renault du commandant, un hélicoptère et les armes et le matériel de l'unité. Christian Prouteau et Paul Barril accroupis sur la gauche *(Crédit photo DR)*.

◀ Exercice de franchissement à la tuggle rope entre deux immeubles au dessus de la caserne de Maisons-Alfort *(Crédit photo DR)*.

Philippe Masselin lors d'un exercice de plongée *(Crédit photo DR)*.
▼

Les quatre cadres du GIGN au début des années 1980.
De gauche à droite : Philippe Masselin, Paul Barril, Christian Prouteau, Claude Lepouzé *(Crédit photo DR)*.

Philippe Legorjus assis dans la papamobile de Jean-Paul II, lors d'un des voyages en France du pape dans les années 1980 *(Collection particulière Philippe Legorjus)*.

Philippe Legorjus, en novembre 1984 à Ecully (Rhône), dans l'appartement de Wanda, une sadothérapeute, qui s'était retranchée pour éviter l'expulsion de son logement, nécessitant l'intervention du GIGN *(Collection particulière Philippe Legorjus)*.

photo de groupe lors d'une cérémonie à Satory en 1988.

On reconnait notamment debout de gauche à droite : Christian Prouteau, Philippe Legorjus, Lionel Chesneau (moustache), Paul Barril (cravate), Jean-Pierre Picon.
Devant et accroupi : Thierry Orosco *(Crédit photo DR)*.

Satory 2011. Denis Favier, alors général de division et commandant le GIGN *(Crédit photo DR)*.
Quelques années plus tard, il remet son brevet du GIGN à son fils Jérôme, dans le stand de tir de l'unité à Satory *(Crédit photo DR)*.

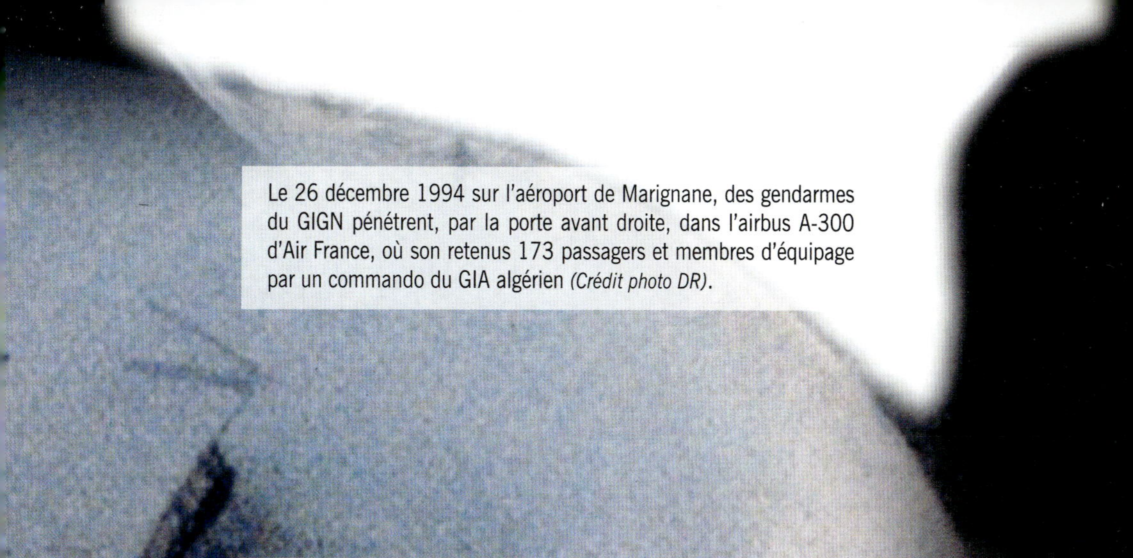

Le 26 décembre 1994 sur l'aéroport de Marignane, des gendarmes du GIGN pénétrent, par la porte avant droite, dans l'airbus A-300 d'Air France, où son retenus 173 passagers et membres d'équipage par un commando du GIA algérien *(Crédit photo DR)*.

Le général Thierry Orosco décoré par le Ministre de l'intérieur Manuel Valls, commandeur de l'Ordre national du Mérite en 2013 *(Crédit photo Thierry Orosco)*.

Denis Favier, alors directeur général de la gendarmerie, et Hubert Bonneau (têtes nues), devant des équipiers du GIGN, le 9 janvier 2015 à Dammartin-en-Goële, lors de l'opération contre les deux frères Kouachi, auteurs de la tuerie de Charlie Hebdo *(Crédit photo DR)*.

Eric Gérard, en juin 2002
*(Crédit photo DR).*

Le lieutenant-colonel ▲
Frédéric Gallois
qui a commandé l'unité
de 2002 à 2007
*(Crédit lieutenant-colonel Gallois).*

▲ Laurent Phélip,
lors d'une cérémonie
dans la cour d'honneur
des Invalides
*(Crédit photo DR).*

▲ Hubert Bonneau,
lors d'une cérémonie
à Satory en 2017
*(Crédit photo Gendarmerie).*

▲ Le général de division Ghislain Réty,
actuel commandant du GIGN
*(Crédit photo DR).*

Quinze gendarmes de la Force intervention (FI) du GIGN autour du commandant de l'unité (non masqué) le général de division Ghislain Réty, dans le stand de tir de l'unité.

de l'évolution de la situation. Chaque fois, je descendais du PC opérationnel et je rejoignais les échelles. À chaque ultimatum, la capacité de mobilisation des gendarmes est au rendez-vous. À l'ultimatum de 17 h 00, je descends du PC général au PC ops. Les trois échelles sont en face de nous et les terroristes tirent. C'est le signal de l'engagement.

Je garde en mémoire, de ce moment, une image particulièrement forte : je quitte le PC ops, je mets mon casque et je rejoins ma passerelle. Là, la trentaine de gendarmes qui sont sur les trois échelles voient le patron arriver et comprennent que l'on va à la guerre. Après avoir tiré sur la tour de contrôle, les terroristes tirent sur les passerelles en mouvement.

« Au moment de donner le top action, je n'ai pas la crainte de l'échec. Nous sommes dans la crise depuis 54 heures, nous avons tenu le choc et nous sommes vraiment dans l'action. Et l'esprit du GI est là, il faut sauver des vies et s'engager. On est porté par l'adrénaline et on sait que, sur les trois portes, deux ne pourront peut-être pas s'ouvrir et que ça va être dur. Pendant le déplacement des passerelles, nous ressentons la puissance du collectif qui nous porte. Malgré les tirs depuis les portes arrière droite et arrière gauche, les trois passerelles continuent à rouler. Chacun prend sa position. Les deux terroristes à l'arrière de l'avion, qui ne sont pas des décideurs mais des exécutants, vont ensuite aller vers l'avant de l'avion pour rendre compte. C'est bien pour nous parce que ça isole la plupart des otages de la zone des tirs, mais c'est aussi plus compliqué pour le groupe de tête car il devra affronter quatre hommes retranchés dans le cockpit avec trois hommes d'équipage.

« La porte avant droite ne s'ouvre pas aussi vite que prévu mais, comme c'est un plan d'assaut d'urgence, on corrige très vite. Jeff, qui pilote la passerelle, a le réflexe de reculer légèrement pour permettre l'ouverture de la porte. Dans les opérations spéciales, c'est un peu toujours comme ça que ça se passe : un grain de sable peut perturber le déroulement de l'opération, voire être la cause d'un échec. Si nous n'avions pas été au GI, nous serions restés coincés en attendant un ordre. L'important au GI, c'est que chacun est imprégné de l'esprit de la mission et sait ce qu'il peut faire pour contribuer à sa réussite. Nous ne sommes pas dans un système lourd qui interdit la prise d'initiatives. L'initiative individuelle, chacun en est comptable et c'est ça qui peut faire basculer. Il y a le briefing, le sens de la mission, chacun doit être imprégné de l'effet à produire mais on autorise, dans le collectif qui est très puissant, l'initiative individuelle. Personne n'a eu à dire à Jeff de reculer. Et ça, c'est déterminant, car s'il n'y avait pas eu cette notion d'initiative individuelle, la porte ne s'ouvrait pas.

« Nous sommes portés par l'opération, nous avons dormi par petits tronçons. Dans une opération, un quart d'heure de sommeil grappillé, par-ci par-là, va permettre de tenir. On est porté par l'opération et les enjeux sont tels qu'on ne sent pas la fatigue. Quand on peut s'assoupir un quart d'heure, c'est récupérateur. Ce sont des crises qui pompent énormément d'énergie, chaque fois qu'il y a ultimatum. Il y a un travail mental extrêmement lourd que les gendarmes savent parfaitement faire : se mobiliser, décompresser, remonter en tension.

« Lors de l'assaut, nous sommes huit sur l'échelle avant droite et onze sur chacune des deux échelles de l'arrière. Un assaut, c'est extrêmement puissant et violent. Rien ne peut résister à un assaut du GIGN. Il y a une force collective, à la fois par l'armement et la force physique dégagée, qui permet de bousculer l'adversaire et de reprendre l'ascendant sur lui. Il faut vraiment aller au contact, inverser le rapport de force et déstabiliser l'adversaire. Dans ce cas, le GI a une puissance collective assez impressionnante ! Avec les gilets pare-balles, les casques, les armes à visée laser, il y a un effet de masse considérable, un mouvement que rien n'arrête. Si un gendarme est touché dans la vague d'assaut, il est remplacé et on continue à avancer. C'est un rouleau compresseur qui ne dévie pas de sa trajectoire.

Mais ce n'est pas qu'une mécanique froide car, dans ce rouleau compresseur, on autorise les réactions individuelles. L'alchimie est là et la différence se fait là.

« L'assaut est long. Il durera plus de 17 minutes. Très rapidement, les otages sont évacués par les toboggans et récupérés au sol par des gendarmes de l'EPIGN. On sent rapidement que ça va bien pour les otages, mais on a un problème majeur devant avec des blessés graves. Thierry Prungnaud, le premier à entrer dans l'avion, a eu un rôle extraordinaire et a été blessé très grièvement[20]. Le groupe de l'avant est composé de huit gendarmes : Thierry Prungnaud, Philippe Bardelli, Fabrice Louis, Olivier Houel, Pascal Bourdin, Alain Pustelnik, Éric Arlecchini[21] et moi. Je suis huitième sur la passerelle pendant son déplacement et sixième à la pénétration dans l'avion. Je me mets en appui du côté du couloir de gauche, face au cockpit, à la hauteur du deuxième rang des fauteuils. C'est à cet endroit que je serai le plus à l'aise pour commander. Je dirige à la voix. Je suis à la fois équipier et chef. Les sept gendarmes de la passerelle avant ont été blessés, sauf Jeff et moi. D'autres, qui progressent depuis l'arrière de l'appareil pour venir soutenir notre groupe à l'avant, seront aussi blessés : Thierry Lévêque, Christophe Marx qui perd un doigt, et Roland Martins.

« À cet instant-là, j'ai un moment de doute. C'est tellement compliqué, nous sommes tellement imbriqués. Les tirs sont incessants. Nous ne pouvons pas riposter massivement parce qu'il y a trois membres d'équipage dans le cockpit. Je donne un seul ordre à la radio, c'est l'ordre d'appui feu aux gendarmes positionnés sur le toit de l'aérogare. Thierry Delmotte commande l'appui feu avec des tireurs comme Christian Jacobi[22]. Ils tirent sur ordre en

20. *Adjudant-chef touché par sept balles de kalachnikov et l'explosion d'une grenade.*

21. *Qui trouvera la mort, deux ans plus tard, le 28 novembre 1996, dans un entraînement de plongée avec Antonio Capoccello.*

22. *À l'été 2023, le chef d'escadron Jacobi commandait le Centre national de formation à l'intervention spécialisée au GIGN et était le dernier intervenant à Marignane encore en activité dans l'unité.*

dessous des vitres du cockpit, ce qui nous permettra de mettre fin à l'opération.

« On neutralise finalement les quatre terroristes. Quand les tirs s'arrêtent, à la demande du commandant de bord qui dit à la tour de contrôle que tous les terroristes sont morts, il y a une phase de sidération. La troisième image importante pour moi, c'est la sortie du cockpit de deux hommes : le commandant de bord Bernard Dhellemme, blessé au bras, et le mécanicien navigant. Le troisième naviguant, avait sauté plus tôt par le hublot du cockpit[23].

« C'est le silence. Nous n'avons plus le son des explosions de grenades dans les oreilles. Un silence irréel comme dans du coton. Je n'ai pas le bilan de l'assaut. Je sais qu'il y a des gendarmes blessés. Un moment de stupeur. Il faut se reconnecter au monde réel. Faire le point. Connaître l'état des blessés. Les otages (passagers et membres d'équipage) sont-ils tous sains et saufs ? Dix minutes d'incertitude. C'est le brouillard de la guerre. On commence à décompresser mais pas complètement. On ne sait pas s'il n'y a pas un cinquième terroriste parmi les otages au sol.

« On descend de l'avion. On fait le point sur nos blessés. On sait que pour certains, c'est très grave. On se retrouve à une vingtaine sous l'avion. À ce moment, la notion de fraternité d'armes a tout son sens. Les gendarmes sortent du choc. Ils ont tout donné. Certains l'ont payé cher. On n'a pas le sentiment d'avoir fait un gros coup mais celui d'avoir fait quelque chose hors normes. Un silence absolu. Le recueillement. Personne ne parle. Les gens se serrent les uns contre les autres. Des gens qui ne fumaient jamais allument une cigarette. Un grand moment de fraternité.

« Après, il faut récupérer le matériel. Au GI, la prochaine mission se prépare déjà à la fin de la mission qui vient de se

23. *Jean-Paul Borderie racontera plus tard avoir sauté parce qu'il était visé par l'un des terroristes.*

terminer. Il faut faire un point sur le matériel. Il n'y a jamais eu d'euphorie.

Je prends ensuite brièvement la parole dans le hangar. Je monte sur une caisse de matériel pour que tout le monde m'entende. Pour leur dire clairement que nous venons de connaître quelque chose d'énorme, même si chacun en est progressivement conscient. Que le patron le dise, ça a son poids. Je donne des nouvelles de nos blessés, des passagers et des membres d'équipage. Je tiens des propos de patron. Je ne parle pas très longtemps.

« Nous rentrons dans la nuit du 26 au 27 décembre à 3 h du matin à Orly, dans un avion d'Air France. Nous sommes accueillis par le ministre du Budget et porte-parole du gouvernement Nicolas Sarkozy et les familles des otages, des binationaux franco-algériens en majorité. Un accueil triomphal avec des youyous. Sur le moment, je ne mesure pas que c'est la plus importante libération d'otages jamais réalisée à bord d'un avion. D'autant plus que l'état de Thierry Prungnaud est très inquiétant.

« C'est une opération qui n'a jamais été remise en cause et qui n'a jamais été critiquée par quiconque. Ni par les politiques, ni par les médias, ni par la justice. J'avais des rapports étroits et clairs avec toutes les autorités administratives et judiciaires à qui j'avais notamment fait un point sur ce qu'étaient l'usage des armes et ses conséquences.

« Cette opération a eu beaucoup de retentissement à l'étranger et des conséquences lourdes. L'année 1995 a été ensuite très compliquée, avec une menace terroriste forte. Je pense à l'affaire Kelkal en septembre 1995. Une opération lourde dans laquelle le GIGN avait été engagé, mais c'était l'EPIGN qui l'avait neutralisée. Sur l'opération de Marignane, nous avons été reconnus encore davantage par les unités étrangères. Les demandes de coopération ont été très nombreuses, ainsi que les demandes de conférences. En mars 1995, nous avons réuni à l'École militaire des unités étrangères – à leur demande – pour un débriefing sur

Marignane. Le retentissement international a été considérable. Il y a une photographie célèbre qui est encore au GI. On y voit la une des grands titres de presse du monde entier avec la même photo de l'assaut.

« C'est une très grosse opération qui a soudé l'unité mais qui a posé des problèmes entre ceux qui avaient participé à l'opération et ceux qui n'y avaient pas participé. Ces derniers étaient tout aussi méritants mais étaient restés à Satory pour tenir l'alerte. Nous n'avons jamais pu débriefer totalement cette opération tant elle était complexe. Il était impossible pour quiconque d'avoir une vue exacte de ce qui s'était passé. Nous avons essayé de faire ce débriefing mais il n'a jamais été parfait. Pour moi, il reste impossible à conduire. »

## Dammartin-en-Goële, l'impossible négociation

*Le mercredi 7 janvier 2015, Saïd et Chérif Kouachi pénètrent, armés de kalachnikovs, dans les locaux de l'hebdomadaire* Charlie Hebdo *qui a publié à plusieurs reprises des caricatures de Mahomet. Ils ouvrent le feu. Huit journalistes, un agent chargé de la maintenance, un invité et le policier chargé de la protection de Charb, le directeur de la publication, sont tués. Les frères Kouachi repartent en criant : « Le prophète a été vengé ! » Ils tuent un policier un peu plus tard dans leur fuite.*

*Ils disparaissent mais sont repérés le lendemain matin dans l'Oise. Une vaste opération de recherches est lancée par la gendarmerie, à laquelle participent le GIGN et le Raid. Le GIGN est « menant » et le Raid « concourant », selon la procédure de coordination mise en place entre les deux unités. Le 9 janvier au matin, les frères Kouachi sont repérés, puis bloqués par une patrouille de deux gendarmes, dans une imprimerie de la zone industrielle de Dammartin-en-Goële (Seine-et-Marne). Une centaine de gendarmes du GIGN encerclent les lieux.*

*À 16 h 40, lorsque les deux terroristes sortent en cherchant à combattre. Ils sont tués par les gendarmes d'élite. L'unité utilisera pour la première fois son nouveau véhicule Sherpa de 13 tonnes qui lui a permis d'atteindre le premier étage du bâtiment où était caché un employé.*

*Après l'assaut, le directeur de la Gendarmerie, le général d'armée Denis Favier, et ancien patron de l'unité à deux reprises, s'exprimera : « Je voudrais vous dire quelques mots, non pas en tant que DGGN, mais en tant qu'ancien patron du GIGN. Ce que vous avez fait ce soir est à inscrire au rang des belles opérations du GI. »*

« Sous mon commandement, Dammartin constitue ma plus grosse opération confesse Hubert Bonneau. Nous sommes en pleine montée des actions terroristes sur le territoire national. Nous poursuivons donc les réflexions sur les capacités de l'adversaire. Et, quand l'opération de Dammartin intervient, nous ne sommes pas surpris. J'avais mis en place, notamment avec le lieutenant-colonel David Cazimajou, une réflexion annuelle de deux jours en janvier, que j'avais appelée les "Journées CIBLE (Conférence interforces pour bilan, leçons et enjeux) du GIGN". La première édition était prévue les 6 et 7 janvier 2015. Je rassemble toutes les composantes du GIGN dans le grand amphi de Nexter[24]. Je demande à Nathalie Poux, juge d'instruction anti-terroriste, d'intervenir le second jour sur les terroristes français qu'elle entend dans son cabinet.

« Durant son exposé – très intéressant –, je reçois des SMS qui m'indiquent qu'il se passe des choses à Paris. En fin de matinée, j'ai des éléments sur la tuerie dans les locaux de *Charlie Hebdo*. Le déjeuner prévu est annulé. Tout le GIGN bascule en alerte : l'état-major d'appui soutien, l'état-major opérationnel et les différentes forces. Dans l'après-midi, j'échange à plusieurs reprises avec Jean-Michel Fauvergue, mon homologue au RAID, qui me

24. *Un des sites de l'industrie de défense à Satory à quelques centaines de mètres du GIGN.*

dit qu'ils vont se déplacer vers Reims et Soissons pour faire des vérifications.

« Le lendemain, le 8 janvier, nous sommes informés dans la matinée que les terroristes viennent de braquer une station-service Avia à Vauciennes (Oise). Ils se présentent comme les frères Kouachi, expliquent qu'ils ont agi au nom d'Allah et que le pompiste n'a rien à craindre. Ils sont armés d'un lance-roquettes et de deux kalachnikovs. Denis Favier, directeur de la Gendarmerie, qui est en cellule de crise, m'appelle pour me demander de projeter le GIGN dans cette zone Gendarmerie. Nous nous déployons à Senlis (Oise) en attente. Nos hélicoptères sont à Dugny, près de l'aéroport du Bourget. Entre 10 h et midi, plus de nouvelles des frères Kouachi. Une personne signale qu'elle a vu passer leur voiture, une Clio grise, à la hauteur de Villers-Cotterêts. Donc, ils sont bien dans cette zone. Le GIGN fait mouvement à Villers-Cotterêts. Denis Favier me demande d'organiser un dispositif de contrôle de terrain, au sud de Villers-Cotterêts en divisant la zone en deux, la partie ouest pour le GIGN et la partie est pour le RAID. Tout l'après-midi, nous sommes dans les bois et à leurs alentours pour contrôler les villas isolées. Quand le soir arrive, on n'a rien trouvé. On décide de maintenir la pression sur un secteur plus large. Et, à partir de Villers-Cotterêts, de prendre en compte un rayon de 50 kilomètres dans la profondeur. On va donc contrôler tous les grands axes, comme la RN 2 et toutes les routes départementales à grande circulation. Dans cette zone, on va d'ailleurs mettre une pression supplémentaire. Je fais donc passer toute la nuit les hélicoptères au-dessus des bois, notamment pendant la période de 22 h à 2 h du matin, où les gens commencent à fatiguer. Je dispose d'hélicoptères du GIH[25] et d'hélicoptères gendarmerie. Je déploie aussi la Force d'observation recherche (FOR) pour être en mesure d'aller vérifier les renseignements que l'on recueille.

25. *Groupe interarmées d'hélicoptères, équipé de SA-330 Puma, dont la mission est de transporter les membres du GIGN et du RAID.*

« Le lendemain, on fait de nombreux mouvements pour faire croire que l'on quitte la zone et l'on arrête les vols d'hélicoptères, en espérant que les frères Kouachi vont sortir de la zone. Sur place, à Villers-Cotterêts, sont présentes deux sections de la FI, des équipes de la FOR et de la FSP. Il y a plusieurs centaines de gendarmes départementaux et cinq escadrons de gendarmes mobiles pour couvrir la zone.

« Le lendemain 9 janvier, à une vingtaine de kilomètres au sud-ouest de notre position, les frères Kouachi braquent, peu avant 8 h 30, le véhicule d'une dame qui le signale immédiatement. Nous sommes informés à 8 h 36. Elle a eu le bon réflexe d'appeler tout de suite la gendarmerie. Je fais partir les hélicos avec l'équipe de première alerte de la FI et on s'engage aussi par voie routière. Quand les hélicos vont progresser, les frères Kouachi vont se trouver dans une nasse puisqu'ils roulent sur les grands axes tenus par la gendarmerie. Ils partent vers l'ouest et l'on pense qu'ils sont susceptibles de retourner vers l'autoroute A1 et donc vers Paris. Un peu avant 9 h, les frères Kouachi pénètrent dans la zone industrielle de Dammartin-en-Goële. Ils vont directement vers l'imprimerie parce qu'elle est éclairée. Ils arrivent devant. Son patron, Michel Catalano, appelle les gendarmes et dit : “Les frères Kouachi sont là”, juste avant d'être pris en otage. Une patrouille de gendarmes – un homme et une femme – arrive sur place pour vérifier leur présence. Quand ils arrivent devant l'imprimerie, Saïd Kouachi sort, crie : “Allah akbar !” (Dieu est le plus grand), tire vers les gendarmes et touche leur voiture de deux balles. Le gendarme riposte et touche Saïd Kouachi au cou. Il tombe. Chérif vient récupérer son frère blessé qui est pansé par Michel Catalano.

« Au même moment, nos hélicoptères arrivent. Nous mettons en place un dispositif de plan d'assaut d'urgence. J'arrive vers 9 h 30 avec le convoi routier. J'installe notre PC opérationnel dans une entreprise qui nous prête ses locaux. On évacue ensuite tous les gens présents dans la zone industrielle. La zone est totalement étanche. Vers 10 h, Michel Catalano, libéré par les Kouachi, sort. Il nous donne des éléments précieux en disant qu'il y a un seul homme à l'intérieur mais qu'il n'est pas un otage parce qu'il s'est caché. Les deux frères Kouachi ont des kalachnikovs, des armes de poing, un lance-roquettes et peut-être des bouteilles incendiaires. Nous sommes plutôt rassurés, il y a un seul otage. Le rapport de force est tel que notre plan d'assaut délibéré[26] est mis en place. Vers 10 h 30, la chaîne d'information BFMTV contacte l'imprimerie et tombe sur l'un des frères Kouachi. Il revendique la tuerie de *Charlie Hebdo* au nom de l'État islamique : "On a agi au nom du Prophète, on a vengé le Prophète."

« À partir de cet instant, nous savons que la négociation ne sera pas possible puisque leur message est passé. Denis Favier nous rejoint dans la matinée. Une présence fort utile puisqu'il va se charger de toute la partie politique. Ce qui nous laisse beaucoup plus de facilités pour l'opération. Le RAID est toujours présent avec nous. Son chef Jean-Michel Fauvergue est là, autour de la table de gestion de crise, dans notre PC opérationnel. À 13 h, nous apprenons qu'il y a une tuerie en cours à l'Hyper Cacher de la Porte de Vincennes. Jean-Michel Fauvergue se rend sur place, accompagné de deux officiers du GIGN, dont David Cazimajou, et je garde avec moi deux officiers de liaison du RAID. On ne sait pas encore si les opérations de la Porte de Vincennes et de *Charlie Hebdo* sont coordonnées. Amedy Coulibaly, auteur de la prise d'otages de l'Hyper Cacher (quatre hommes tués), menace alors : "Si les gendarmes tuent les frères Kouachi, je tue tout le monde à l'Hyper Cacher."

« À partir de ce moment-là, même si quelqu'un est caché dans l'imprimerie, la Porte de Vincennes est prioritaire. Nous sommes prêts à agir mais nous restons en stand-by. Cela va durer trois heures. Nous affinons notre dispositif sur la reconnaissance des

26. *Plan déclenché à l'initiative du GIGN, contrairement au plan d'assaut d'urgence, déclenché en cas de nécessité absolue.*

lieux. Michel Catalano nous donne les plans de l'imprimerie. On prévoit un plan d'assaut d'urgence si ça tire à l'intérieur ou si les frères Kouachi découvrent le jeune homme, Lilian, caché sous un évier dans l'imprimerie. Nous pouvons entrer par les côtés du bâtiment en cassant des murs à l'explosif mais, problème, il y a d'énormes rouleaux de papier à l'intérieur. Il faudrait alors casser et pousser. C'est très compliqué. De plus, les vitres de l'imprimerie sont bleutées : à l'intérieur, les gens peuvent voir ce qui se passe à l'extérieur, mais mes tireurs d'élite sont aveugles car ils ne distinguent pas ce qui se passe à l'intérieur.

« À 16 h 40, des éléments de la Force observation recherche m'annoncent que la porte est entrouverte. Je reprends contact avec la Porte de Vincennes et l'on me dit qu'il y a des contacts en cours avec Coulibaly et que nous ne devons pas intervenir. J'ai à peine le temps de raccrocher que ça commence à tirer. Je me précipite vers l'avant de notre dispositif. Les deux frères Kouachi sont sortis en tirant. En se couvrant mutuellement, ils progressent. Nous ne voulons pas qu'ils atteignent la route, le long de laquelle tout notre dispositif est déployé. S'ils ont un lance-roquettes, ils peuvent faire beaucoup de dégâts. Les frères Kouachi sont pris immédiatement en compte par les tireurs d'élite et les éléments du GIGN déployés sur les côtés, devant l'imprimerie. Dans le même temps, on avance pour faire tomber les vitres et on fait exploser les murs sur les côtés pour pénétrer dans l'imprimerie. Les deux frères, qui portent des gilets pare-balles, seront blessés avant d'être neutralisés par un tireur d'élite. Ce qui est impressionnant, c'est qu'ils sortent en combattant et avec une vraie détermination. Cela a duré à peine deux minutes et l'image que je garde, c'est que, le temps de remonter la colonne, je vois Chérif, qui est touché, se relever, changer son arme de main pour tirer avant d'être tué. Le véhicule Sherpa remonte la colonne pour accéder directement à l'étage où Lilian est caché pour le sortir de là, parce que Michel Catalano nous a dit qu'il y avait un risque de piégeage au rez-de-chaussée. Dans le même temps, on informe le RAID qui va anticiper son action avec la BRI (brigade de recherche et d'intervention de la Préfecture de police) et intervenir dix minutes plus tard. »

Pour ceux qui en doutaient – les polémiques n'ont pas manqué ! –, cette opération a largement démontré que des unités d'intervention de la Police et de la Gendarmerie étaient capables de coopérer, au-delà de leurs différences, dans un seul but : l'efficacité de la lutte antiterroriste et la protection du citoyen.

# Chapitre V

## Le temps des secrets

Ces opérations n'ont pas connu, à leur époque, le même retentissement que celles de Loyada, Ouvéa, Marignane ou Dammartin-en-Goële. Elles furent beaucoup plus discrètes, parfois frappées du sceau du secret défense. D'autres furent purement et simplement annulées au dernier moment, faute de volonté politique. En voici les récits parfois palpitants.

### L'ombre de Carlos

Le 13 janvier 1975, sur l'aéroport d'Orly, un commando de trois Palestiniens armés d'un lance-roquettes tire vainement à deux reprises en direction d'un avion de la compagnie israélienne El Al stationné sur le tarmac, avant de s'enfuir. Le gouvernement français renforce le dispositif de sécurité à Orly, l'aéroport parisien le plus important malgré l'ouverture de celui de Roissy quelques mois plus tôt. Pourtant, moins d'une semaine plus tard, le 19 janvier dans l'après-midi, le même commando de trois hommes revient et récupère un lance-roquettes caché dans le faux plafond des toilettes. Là encore, il échoue à tirer sur un appareil d'El Al qui est hors de portée. Un CRS en faction sur la terrasse tire et blesse un des terroristes. Les trois hommes du commando se heurtent à d'autres policiers, tirent au pistolet et lancent une grenade, faisant une vingtaine de blessés. Ils s'enferment dans des toilettes avec dix otages. Ils demandent un avion pour le lendemain. Finalement, après des négociations menées par l'ambassadeur d'Égypte à Paris et le ministre de l'Intérieur Michel Poniatowski, ils obtiennent satisfaction. À 9 h 00, le commando libère les otages au pied d'un avion d'Air France qui atterrira finalement à Bagdad.

« J'ai regretté que le GIGN n'ait pas été engagé, se souvient Christian Prouteau[1]. On saura plus tard que Carlos[2] se trouvait dans les toilettes où s'était réfugié le commando. Quand ils sont partis, ils nous ont fait le V de la victoire. Chirac, alors Premier ministre, n'a pas voulu que le GIGN intervienne. Cinq mois plus tard, le 27 janvier, Carlos a tué deux policiers de la DST, à Paris. Même, si le GIGN n'est pas intervenu, cette affaire a été importante pour lui : nous avons dû faire face à la problématique du politique et de l'intervention, et nous avions donc besoin de nous faire connaître. Le directeur de la Gendarmerie Jean-Pierre Cochard en était convaincu. Du coup, il a organisé de nombreuses visites (procureurs de la République, préfets, directeurs de cabinets ministériels) au GIGN. Pour que les autorités puissent nous laisser travailler, il fallait qu'elles se rendent compte du niveau de nos compétences et de nos qualités professionnelles. »

## La Mecque, le coup d'éclat du GIGN

Le 20 novembre 1979, près de deux cents fondamentalistes islamistes, en majorité des Saoudiens et des Égyptiens, prennent le contrôle, sous la menace de leurs armes, de la Grande Mosquée de La Mecque, lieu saint de l'islam. Ils retiennent en otages des milliers de pèlerins.

1. *Entretien avec l'auteur.*
2. *Âgé de 73 ans, Illich Ramirez Sanchez, alias Carlos, condamné par la justice française à la réclusion criminelle à perpétuité pour assassinats, purge actuellement sa peine.*

Quatre jours plus tard, la Garde nationale saoudienne échoue à reprendre le contrôle de la mosquée. Les terroristes se retranchent avec des otages dans ses souterrains. Les autorités saoudiennes se tournent vers la France pour demander son aide. Dans le plus grand secret, le capitaine Paul Barril, numéro 2 du GIGN, commandé par Christian Prouteau, est chargé d'apporter une aide discrète aux autorités saoudiennes pour tenter de mettre fin à cette prise d'otages géante. Il quitte Paris le 28 novembre dans un Mystère 20 du Groupe de liaisons aériennes ministérielles (GLAM), accompagné de deux sous-officiers du GIGN. Il emporte 400 kilos de matériel, dont du gaz lacrymogène et des masques à gaz.[3]

La petite équipe va conseiller les forces armées saoudiennes pour intervenir à l'aide de gaz incapacitants qui seront envoyés un peu plus tard de France par un vol spécial. Leur formation va durer plusieurs jours. Le 4 décembre, les gaz incapacitants sont injectés dans les souterrains, et les forces saoudiennes portant des masques à gaz reprennent le contrôle du lieu saint. Le bilan de cette prise d'otages ne sera jamais vraiment connu.

Le lendemain, Paul Barril et les deux sous-officiers du GIGN regagnent Paris. Ils reçoivent un mois plus tard une lettre de félicitations, signée du ministre de la Défense Yvon Bourges. Une lettre qui ne précise ni la raison de leur mission ni le nom de ce « pays ami », lit-on, où ils se sont rendus. L'affaire de La Mecque sera dévoilée par la presse quelques années plus tard.

Un ancien patron du GIGN fera ce commentaire : « Le GIGN n'est pas allé à La Mecque et n'y retournera pas non plus. » La mission à La Mecque ouvrira largement, les années suivantes, les portes de l'Arabie saoudite et celles d'autres pays de la région, à des ventes d'armes françaises.

3. Cf. *C'était pour la France*, Paul Barril, Éditions Balland, avril 2023.

## La calamiteuse affaire des Irlandais de Vincennes

En juillet 1982, Paul Barril assure l'intérim du commandement opérationnel du GIGN. Christian Prouteau vient de partir à l'Élysée pour y créer la cellule antiterroriste. Un mois plus tard, le 28 août 1982, trois Irlandais, « *dangereux terroristes* » selon un communiqué de l'Élysée, et soupçonnés d'appartenir à l'IRA, sont arrêtés dans leur appartement à Vincennes par Paul Barril, accompagné de gendarmes du GIGN en civil.

C'est le début de la fameuse affaire des Irlandais de Vincennes, premier scandale d'État du premier septennat de François Mitterrand. Paul Barril est soupçonné d'avoir déposé des armes et des explosifs au domicile des Irlandais qui seront relâchés en mai 1983, en bénéficiant d'un non-lieu. Inculpé, Paul Barril échappera pourtant à toute poursuite à l'issue d'une interminable instruction. En 1983, Paul Barril se blesse à l'entraînement, lors d'un accident d'ULM, et doit quitter le GIGN. L'officier demande alors sa mise en disponibilité de la Gendarmerie.

## Téhéran, le coup de l'intox !

Le 1er août 1984, un Boeing 737 d'Air France – détourné la veille au-dessus du Luxembourg lors d'une liaison Francfort-Paris avec 58 passagers et un équipage de 6 personnes – atterrit à Téhéran après trois escales à Genève, Beyrouth et Larnaca. Les trois pirates de l'air, porteurs d'armes blanches et de grenades, réclament la libération de 5 Iraniens détenus en France pour avoir tenté d'assassiner, en juillet 1980, l'ancien Premier ministre iranien Chapour Bakhtiar. Mais Paris rejette leurs exigences. Le 2 août, les pirates de l'air se rendent aux autorités iraniennes, après avoir fait exploser le cockpit du Boeing. Leur reddition a été provoquée par la crainte d'une intervention de la France.

En langage militaire, une opération de déception, vise à tromper l'adversaire par la dissimulation, la simulation ou l'intoxication. En l'espèce, le GIGN a monté une manœuvre de leurre pour faire croire à l'imminence d'une intervention afin de mettre fin à ce détournement de l'avion d'Air France vers Téhéran.

« C'est une histoire qui n'a jamais été racontée parce qu'elle a été longtemps classée secret défense, révèle Philippe Legorjus, alors numéro 2 du GIGN[4]. Pendant les négociations, un avion militaire français, emportant un détachement du GIGN, a quitté Paris pour se poser à l'aéroport du Caire. Là, les gendarmes sont restés à la vue de tous. Puis l'avion a quitté Le Caire pour une destination inconnue. Tout le monde a cru que l'on montait un raid sur Téhéran. C'était une opération d'intoxication, organisée avec le Quai d'Orsay et les services français, qui a permis de faire libérer les otages sur place à Téhéran. »

## Bosnie, objectif Radovan Karadzic

Inculpé en 1995 de « génocide, crimes de guerre et crime contre l'humanité », le leader serbe Radovan Karadžić fut traqué jusqu'à son arrestation en 2008, par les forces spéciales de plusieurs pays, dont la France. Les commandos français firent appel aux compétences techniques du GIGN pour la pose de balises sous des véhicules, de micros sur des lignes téléphoniques et de caméras de surveillance. Selon le livre *La nouvelle guerre secrète* d'Éric Denécé et Alain-Pierre Laclotte (Mareuil Éditions, 2021)[5], le GIGN participera à une quinzaine d'opérations de recherches.

Ainsi, du 5 au 18 décembre 2000, une dizaine de gendarmes du GIGN se rendirent à Pale, alors capitale de la zone serbe de Bosnie, fief des anciens dirigeants serbes, pour poser balises,

4. *Entretien avec l'auteur.*

5. *La nouvelle guerre secrète* d'Éric Denécé et Alain-Pierre Laclotte, Mareuil Éditions, 2021, p. 378 et suivantes.

micros et caméras sur les véhicules et aux domiciles de proches de Radovan Karadžić, afin de localiser ce dernier. L'opération « Leclesio » est menée au profit de la Direction du renseignement militaire (DRM), sous la houlette du général Philippe Rondot, alors conseiller pour le renseignement et les opérations spéciales au ministère de la Défense.

« C'est une des opérations dont on a très peu parlé, explique Éric Gérard, patron du GIGN de 1997 à 2002[6]. Nous avons formé une task force avec des militaires du 13e RDP[7]. Je suis donc allé à plusieurs reprises à Pale. Le capitaine Ghislain Réty en faisait partie, ainsi qu'un officier du 13e RDP, devenu un des grands patrons au sein du ministère des Armées. »

Lors de cette mission de dix jours, les gendarmes vont d'abord dissimuler une balise sous la voiture de la fille de Radovan Karadžić. Deux jours plus tard, une autre balise sera accrochée, cette fois-ci, sous le 4x4 d'un fils de l'ancien leader serbe. Lors d'une troisième étape, un enregistreur est posé sur la ligne téléphonique du chalet de l'épouse de Radovan Karadžić avant l'installation de deux caméras, en face du chalet. Pour cette dernière étape, les gendarmes formèrent deux faux couples de touristes avec deux femmes de la DRM pour accéder à l'hôtel ou furent posées les deux caméras et leur système de retransmission.

À en croire Ghislain Réty, actuel commandant du GIGN : « Cette mission en Bosnie fut certainement la plus belle, après l'opération de Marignane. »

## Coups de main en Afghanistan

Pendant treize ans, de 2001 à 2014, des centaines de gendarmes furent déployées en Afghanistan comme prévôts des armées et

6. *Entretien avec l'auteur.*
7. *Régiment de dragons parachutistes, relevant du commandement des opérations spéciales, chargé de la collecte et de la diffusion du renseignement.*

formateurs de la police afghane. Pendant toute cette période, le GIGN y a mené discrètement de nombreuses missions, au profit des armées françaises et étrangères luttant contre les talibans et, notamment, des opérations de reconnaissance, des coups de main et des arrestations.

« Il y a eu beaucoup de missions en Afghanistan. Elles nous ont permis d'élever le niveau technique et tactique des gendarmes du GI face au terrorisme, explique Denis Favier[8] : rusticité, militarité, réaction au feu. Nous avons mené des opérations extrêmement intéressantes, au sein de détachements interarmes, pour arrêter des gens recherchés et, la plupart du temps, sans tirer un coup de feu. Ce furent des opérations très formatrices pour tous ceux qui sont passés en Afghanistan au cours de cette période. Toute une génération d'officiers et de sous-officiers y est allée. Je m'y suis rendu à plusieurs reprises. L'Afghanistan nous a permis de franchir un cap en matière de capacités antiterroristes. »

## Le GIGN dans le maquis Corse

Le 6 février 1998, le préfet de la région Corse Claude Érignac est tué par balles dans la rue d'Ajaccio. Rapidement, la police soupçonne un berger, Yvan Colonna, d'être le tireur. En 2002, un haut responsable de la police contacte le GIGN pour lui demander de monter une opération d'interpellation d'Yvan Colonna dans le maquis corse.

« À cette époque, Éric Gérard était le patron du GIGN, se souvient Thierry Orosco[9], c'est là que nous avons failli rentrer dans l'histoire. Un jour, on m'appelle : “Quelqu'un voudrait te rencontrer pour évoquer un sujet avec toi.” Ce quelqu'un, c'était Roger Marion, directeur central adjoint de la police judiciaire chargé des affaires criminelles. Nous avons rendez-vous dans un

8. *Entretien avec l'auteur.*

9. *À l 'époque officier au GIGN et futur patron de l'unité de 2011 à 2014.*

hôtel, pas loin de la place Beauvau, pour un petit déjeuner. Il me dit : "On pense connaître l'endroit où se trouve Yvan Colonna et j'aimerais savoir si vous pourriez l'interpeller." Je lui dis qu'il me faudrait davantage d'éléments. Nous allons à Beauvau. C'était surréaliste. Marion y retourne à pied et moi je monte incognito dans sa voiture parce qu'elle n'est jamais contrôlée. Dans son bureau, Marion met de la musique pour que l'on ne puisse pas nous entendre. Tout cela commençait à devenir un peu curieux. Il me montre des photos aériennes magnifiques, faites par la DGSE sur une zone en particulier. Je lui rétorque que les photos sont très belles mais inutilisables. La police avait d'ores et déjà une idée de la cache où pouvait se trouver Colonna, à peu de chose près dans le secteur géographique où il sera identifié plus tard[10].

« Cette région, très montagneuse, formait un carré de 20 kilomètres par 20. Je demande à Marion de me laisser réfléchir. Au GSIGN, nous montons un plan engageant le GIGN et l'EPIGN. Nous avons besoin d'affiner davantage. L'idéal serait de faire passer un avion avec une caméra thermique pour détecter, dans la zone circonscrite, des bergeries d'altitude, chauffées ou non. S'il y en a trop, on laisse tomber. S'il y en a trois ou moins, je pense qu'on peut faire quelque chose. L'idée est de réaliser une opération héliportée, pour progresser en pleine montagne en arrivant par un autre versant, et se mettre en place devant la bergerie. On identifie alors la personne qui se trouve dans la bergerie, et on transmet l'information à la police. À eux de nous dire si c'est lui ou pas. Une fois la personne interpellée, on l'héliportera en dehors de l'île et on la ramènera sur le continent.

« Une réunion se déroule ensuite à la direction générale de la Police nationale, à l'époque sous l'égide du préfet Bergougnoux[11]. Elle se tient avec le juge d'instruction antiterroriste Jean-Louis

---

10. *Yvan Colonna sera finalement arrêté par le Raid en juillet 2003 dans le maquis, près d'Olmeto (Corse du Sud) et condamné définitivement à la réclusion criminelle à perpétuité en juillet 2012 pour l'assassinat du préfet Erignac.*

11. *Le préfet Patrice Bergougnoux, directeur général de la police nationale de 1999 à 2002.*

Bruguière, Roger Marion, le général Guy Parayre, adjoint au directeur des opérations et de l'emploi, et moi. But de cette réunion : déterminer si la Gendarmerie est en capacité de faire l'opération. Le RAID, quant à lui, n'étant pas capable de la monter. Pour ce faire, il nous faut un avion de l'armée de l'Air avec des caméras thermiques pour le survol de la zone, et des hélicoptères de l'armée de Terre pour nous héliporter si l'on repérait trois bergeries. Problème : les hélicoptères n'avaient pas les pattes assez longues (leur rayon d'action était insuffisant) depuis Marseille. Il nous fallait donc un bateau de la Marine, emportant les hélicoptères, pour se rapprocher de la côte corse.

« Dans ce dossier, il y avait donc une implication très forte des trois armées. Des Mirage de l'armée de l'Air, basés dans l'est de la France, ont donc fait des passages au-dessus de la zone suspectée avec des caméras thermiques. C'était positif. La Foudre[12], revenant de trois mois de mission en Méditerranée orientale, l'état-major des armées a alors proposé de lui demander de faire quinze jours de "ronds dans l'eau" autour de la Corse. Toute l'opération a commencé à se monter, avec l'idée de la lancer durant les deux tours de l'élection présidentielle (les 21 avril et 5 mai 2002). Au dernier moment, elle est finalement annulée. Les armées ont assuré que leurs moyens n'étaient plus disponibles. C'est le RAID qui est allé en Corse avec d'autres renseignements qui avaient été affinés. La zone géographique suspectée était bien celle dans laquelle se trouvait le berger corse. Si nous avions lancé l'opération à ce moment-là, nous aurions eu de fortes chances de réussite, avec les moyens des trois armées, sans compter le 13e RDP avec nous. Avec trois fermes ou bergeries repérées, le GIGN aurait engagé une trentaine de personnes. »

12. *Transport de chalands de débarquement (TCD) de la Marine, capables de mettre en œuvre 4 hélicoptères.*

## Opération Thalatine

Thalatine : trente, en langue arabe. Trente comme le nombre d'otages retenus pendant une semaine par des pirates somaliens, au début du mois d'avril 2008, sur un navire de croisière français dans le golfe d'Aden, au large de la Somalie. « Thalatine », c'est également le nom de code donné à l'opération française lancée pour libérer ces otages. Le *Ponant* est un trois-mâts de croisière sous pavillon français de la Compagnie du Ponant, à cette époque filiale de l'armateur CMA-CGM. Il rentre à Marseille après une croisière aux Seychelles, avec son équipage et le personnel de bord mais sans touristes, soit 30 personnes.

Le 4 avril 2008, vers midi, une douzaine de pirates somaliens, armés de fusils d'assaut et de lance-roquettes, prennent le contrôle du navire. Une semaine plus tard, le 11 avril 2008, à la suite du versement d'une rançon de 2 millions de dollars en espèces, par la CGA-CGM, les 30 otages sont libérés. Six pirates seront appréhendés en territoire somalien lors d'une opération héliportée de commandos français, et une partie de la rançon récupérée.

À l'époque, Denis Favier est le patron du GIGN. « Dès le 4 avril, raconte-t-il, nous sommes immédiatement saisis car le plan Pirate Mer[13] prévoit que le GIGN est susceptible d'intervenir en cas de prise d'otages sur un navire français. Les pirates qui ont pris le contrôle du *Ponant* sont armés, mais pas du même niveau que ceux de Marignane.

« C'est une opération qui se conduit loin de la France en interarmées avec des marins des commandos, notamment le commando Hubert avec lequel on est associés en matière de

13. *Les plans de la famille Pirate (air, mer, métro, NRBC...) sont constamment mis à jour par le Secrétariat général de la défense et de la sécurité nationales (SGDSN) et déclenchés par le Premier ministre).*

piraterie maritime.[14] Thalatine va donc se mener à plus de 5 000 kilomètres de nos bases et en pleine mer. Le GIGN prend en compte cette opération à plusieurs niveaux. À Paris, au Centre de planification et de conduite des opérations (CPCO[15]). À Marseille, avec une équipe de négociateurs du GI dirigée par Franck Chaix, pour assister et conseiller les responsables de la CMA-CGM au contact avec les preneurs d'otages. Très rapidement, un détachement d'une vingtaine de gendarmes, commandé par Romain Champenois, et des commandos marine s'envolent pour la base française de Djibouti, dans la Corne de l'Afrique.

« Le 8 avril, je rejoins la zone avec Frédéric Gallois, chef de l'état-major opérationnel du GIGN, et Christian Jacobi, via Djibouti. Nous sommes ensuite tous les trois tarponnés (c'est-à-dire parachutés en mer) depuis un Transall. Le GIGN n'est pas une unité parachutiste pour rien, mais ce tarpon est une première pour l'unité ! Nous sommes récupérés en mer pour rejoindre un bateau de la Marine. C'est là que le contre-amiral Marin Gillier, patron des commandos marine et qui commande l'opération, a installé son état-major. Nous menons depuis la passerelle du bateau la négociation tactique de remise de la rançon. La négociation sur son montant se déroule à Marseille. Une affaire assez complexe car il faut à la fois organiser la remise de la rançon contre la libération des otages et, si jamais, ça dégénère, déclencher un assaut d'urgence.

« Finalement deux gendarmes ont acheminé la rançon sur le *Ponant* à bord d'une embarcation rapide. Les trente otages ont été libérés sains et saufs. Il n'y a pas eu d'engagement et d'ouverture du feu pour le GIGN. Ce sont des commandos de marine qui

14. *Depuis plus de trente ans, le GIGN et le commando Hubert s'entraînent régulièrement ensemble, notamment lors d'un exercice annuel de contre terrorisme maritime (CTM), conduit une année en Atlantique et l'autre en Méditerranée. Cet exercice permet de tester les procédures d'intervention et de coordination des unités engagées et soutenues par des moyens aéromaritimes.*

15. *Structure permanente du ministère de la Défense, située à l'époque à une dizaine de mètres de profondeur, sous le boulevard Saint-Germain, et qui suit toutes les opérations militaires dans le monde, 24 heures sur 24.*

interviendront ensuite lors d'une opération héliportée menée à terre, pour arrêter six preneurs d'otages et récupérer une partie de la rançon. Les prisonniers seront ensuite transférés vers la France par le GIGN et remis à la section de recherches de Paris. »

Le GIGN est donc une formidable boîte à outils dans laquelle les autorités judiciaires et politiques peuvent piocher à tout moment, certaines d'y trouver la clé qui ouvrira la serrure, d'autant que cette unité a la capacité d'intervenir à l'étranger. Mais c'est sur le territoire national que ses missions restent les plus variées...

# Chapitre VI

## Sur tous les fronts

Révoltes collectives ou d'un petit groupe pour demander de meilleures conditions de détention, émeutes plus ou moins violentes : les mutineries dans les prisons ont souvent nécessité l'intervention du GIGN. Depuis le début des années 2000 et la création des Équipes régionales d'intervention et de sécurité (Eris) de l'Administration pénitentiaire, en 2003, visant à améliorer la capacité de réponse et de réactivité en cas de troubles graves, le GIGN intervient plus rarement. Actuellement, en cas d'incidents très graves, les 187 établissements pénitentiaires français sont susceptibles de faire appel au GIGN pour 52 sites, et au RAID pour 135. Cette répartition est faite en fonction des zones de gendarmerie et de police.

### La mutinerie de Moulins-Yzeure, ne jamais subir

De toutes les mutineries matées par le GIGN, il en est une qui restera plus particulièrement dans la mémoire des hommes du groupe d'intervention. Celle de la prison de Moulins-Yzeure.

Le 8 septembre 1992, 170 détenus condamnés à de longues peines dans cette prison de l'Allier prennent en otages une vingtaine de gardiens et une représentante d'Amnesty International, et s'emparent des clés de la prison.

Des détenus célèbres purgent leur peine dans ce centre pénitentiaire. Il y a Georges Ibrahim Abdallah, le chef des Fractions armées révolutionnaires libanaises (FARL), condamné en 1987 à la réclusion criminelle à perpétuité pour complicité dans l'assassinat de diplomates israéliens et américains à Paris, en 1992. On y trouve également Lionel Cardon, meurtrier d'un couple et d'un policier ; Michel Vaujour, auteur d'une des premières évasions par hélicoptère en 1986 à la Santé ; et Lionel Collard, responsable de la tuerie d'Auriol en 1981. Le lendemain de la mutinerie, le GIGN donne l'assaut, libère tous les otages et met fin à la mutinerie.

« Ce matin-là, raconte Éric Gérard, futur chef du GIGN, en arrivant à la caserne à l'issue d'un long footing, j'apprends qu'il y a une prise d'otages à Moulins-Yzeure. On nous annonce 160 mutins, 22 otages, dont une femme d'Amnesty International intervenante extérieure. J'étais l'officier d'alerte et, en tant que chef de mission, je pars en Alouette III avec trois gendarmes, dont le chef de groupe. On arrive au-dessus de la prison d'où s'échappent des flammes et des colonnes de fumée. Il y a des détenus dans la cour. C'est le chaos. Le convoi routier nous rejoint avec les effectifs de deux équipes d'alerte, soit une quarantaine d'hommes. On entame les repérages tout en essayant de comprendre ce qui se passe précisément. On commence à prendre contact avec les preneurs d'otages tout en préparant une intervention d'urgence la plus chirurgicale possible. Le but est d'obtenir la reddition mais pas d'intervenir à tout prix.

« Au GIGN, nous savons que l'événement nous précède. À notre arrivée, nous devons utiliser chaque minute pour rattraper ce retard. Notre dispositif est donc organisé pour optimiser ce temps dans l'élaboration d'un dispositif d'intervention le plus souple possible. Dès nos premiers contacts avec les mutins, certains nous parlent de leurs conditions de détention. En tant qu'officier chef de mission, je négocie donc au contact avec les mutins à travers les grilles. Denis Favier, commandant de l'unité depuis trois mois, est sur place. Au bout d'un certain temps, on se rend compte que les chefs des mutins ne sont pas les vrais chefs de la prise d'otages. Les gendarmes commencent à progresser à l'intérieur de la prison, guidés par un gardien qui leur ouvre les portes. Il ne faut pas oublier que, dans une prison, les portes sont faites pour empêcher les gens de sortir mais qu'elles les empêchent également de rentrer !

« Pendant ce temps-là, je continue à négocier. Je suis seul face à une meute, sans arme mais confiant, sous la protection des tireurs d'élite, en appui. La nuit se passe. Finalement, au petit matin, nous donnons l'assaut parce que nous avons compris que ça devenait trop dangereux pour les otages qui étaient détenus dans une partie centrale. Nous avons fait le bon choix tactique. C'était intéressant : j'avais ma perception, les chefs de groupe leur perception. À un moment donné, il a fallu trancher. Face au choix très pratique du passage à l'ouverture de porte, je suis revenu sur mon intuition et on est intervenus en fonction de ce que proposaient les chefs de groupe. Tous les otages ont été libérés sains et saufs. Après la fin de la mutinerie, plusieurs détenus ont été transférés dans d'autres prisons. C'est lors de cette première opération que j'ai eu mon premier cheveu blanc...

« J'avais été nommé trois mois plus tôt à la tête de l'unité, se souvient Denis Favier. Eric Gérard, mon numéro 2, était chef de mission. C'était une prise d'otages massive – et il faisait très chaud – par des détenus qui ont refusé de rejoindre leurs cellules après les travaux à l'atelier et qui ont pris des surveillants en otages. Négociations toute la nuit, mise en place du dispositif et assaut au matin avec l'usage des armes. Très beaux tirs pour neutraliser les preneurs d'otages. Une opération très bien conduite avec tous les fondamentaux de la gestion de crise et de la négociation. Cependant, je ne suis pas content de moi. J'en tire un enseignement essentiel : plus jamais je n'accepterai de subir la crise. Cela me servira tout au long de mon parcours au GI et au-delà. La crise de Moulins-Yzeure ne domine pas le GIGN mais me domine. Je suis un peu trimbalé. Je n'ai pas le coup d'avance. Éric gère très bien la mission. Moi, j'en tire la leçon qu'il faut prendre l'ascendant sur la crise pour tenter d'inverser le cours des choses.

« Quatre jours plus tard il y a une autre mutinerie à la prison de Clairvaux, dans l'Aube. J'ai déjà mûri. Je décide que le transport ne se fera plus en voiture mais en hélicoptère Puma. Nous partons avec trois hélicoptères du 6e régiment d'hélicoptères de combat (RHC) de Compiègne. C'est ma première décision opérationnelle. On arrive, alors que la nuit tombe et on survole la prison en hélicoptère et l'on voit les détenus sur les toits. Dès qu'ils nous ont vus, les détenus sont rentrés dans les cellules. Ils avaient appris que c'était le GIGN qui avait géré la mutinerie de Moulins-Yzeure quelques jours plus tôt. »

## Le forcené, un facteur commun à toutes les générations

Mater une mutinerie est souvent moins dangereux que d'être confronté à un forcené. Ce genre d'individu est souvent en proie à un moment de démence qui l'empêche de mesurer la gravité de ses actes. Des gendarmes et des policiers ont d'ailleurs été tués ou blessés au cours de ce type d'intervention à haut risque[1]. Dès sa création, le GIGN a été requis pour intervenir face à des personnes armées, sur fond de misère sociale, de problèmes psychiatriques ou de lourds secrets de familles.

« Le forcené est une personne dangereuse mais momentanément égarée, explique Thierry Orosco, patron du GIGN de 2011 à 2014. Les forcenés, ce sont des gens qui ont soit des problèmes mentaux, soit de très graves problèmes sociaux, qui sont dans une immense détresse sociale qui peut les amener à tuer un voisin, un policier ou un gendarme. Mais ce ne sont pas des délinquants de métier. On disait souvent au GIGN qu'on les

1. *Trois des quatre gendarmes du GIGN tués en opération, l'ont été par des forcenés en 1997, 2007 et 2016.*

attrapait à la main car il n'était pas question de les neutraliser avec des armes à feu.

« J'ai le souvenir de deux frères dans la Creuse qui menaçaient de tirer sur les gendarmes, puis de s'immoler. Leur exploitation agricole était en faillite, ils avaient des dettes, ils étaient révoltés contre la terre entière. Une opération contre un forcené peut donc être très compliquée.

« On a ainsi eu affaire à d'anciens harkis, à des chasseurs, à d'anciens militaires. Ils peuvent être bons tireurs et possèdent des armes de chasse ou de grande chasse pour le gros gibier. On ne peut pas faire usage de la force comme si c'étaient des terroristes. C'est donc très complexe parce que l'on va exposer des gendarmes. Contrairement à ce que l'on pense, il n'y a pas de petites missions. Un forcené, ce n'est pas un terroriste mais on peut perdre un homme sur une telle opération. Ce n'est donc qu'après qu'on peut dire que c'était une petite opération.

« Jean-Louis Prianon, premier membre du GIGN à être tombé en service, a été tué en 1997 avec une arme à poudre noire, une arme de collection dans laquelle on met de la poudre dans le canon et par-dessus une balle en plomb. Le GIGN s'est aussi fait tirer dessus à l'arme de guerre par des forcenés.

« Dans une mission contre un forcené, il y a toute une part de négociation. Tactiquement, c'est très intéressant. C'est un peu le jeu du chat et de la souris, avec des diversions pour bénéficier de l'effet de surprise et éviter l'usage de la force. Le seul atout du GIGN dans une opération de forcené, c'est que nous avons le temps.

« Il y a des forcenés d'une grande complexité. Une fois, nous avons eu à traiter un forcené dans les Pyrénées-Orientales, qui avait monté un petit zoo dont il s'occupait avec beaucoup de passion et d'amour pour ses bêtes. Il en vivait. Un jour, l'administration a décidé que son zoo n'était pas dans les normes et qu'il fallait le fermer. Il s'est alors retranché dans la cage avec le lion et, dans cette cage, il avait construit un abri qu'il avait cimenté et dans lequel il avait des explosifs. Il n'y avait pas de solutions, sauf pénétrer dans la cage où il y avait le lion et casser le mur de l'abri. Nous avons donc négocié pour l'amener à la reddition.

« Il faut aussi connaître le profil psychologique et médical du forcené car, suivant la maladie mentale dont il souffre, on ne peut pas négocier de la même façon. Si, par exemple, il s'agit d'un maniaco-dépressif, ce n'est pas la peine de faire venir sa famille, sous peine d'encore accentuer son impression d'être au fond du trou. Et il faut éviter de dire quelque chose susceptible d'aggraver la crise. »

Philippe Masselin, chef du GIGN de 1982 à 1986, se souvient d'une dramatique affaire concernant un forcené : « Le 16 octobre 1984 à Avon, près de Fontainebleau, un ancien harki commence à mettre le feu dans sa cuisine au deuxième étage. Il est armé d'une carabine Marlin de calibre .45, arme de chasse au gros gibier. Les pompiers arrivent, munis de haches et d'extincteurs. Il tue un premier pompier sur l'échelle, puis un second sur le palier de son appartement. La police vient alors avec la brigade des gaz. Les policiers montent leur sarcophage, un gros bouclier avec un trou pour envoyer des gaz, au deuxième étage. Le forcené tire une balle à travers sa porte, qui perfore le bouclier et tue un policier. Un second policier est blessé par un éclat.

« Le GIGN est appelé. Nous avons fait exploser la porte avec une charge explosive. Depuis un autre appartement, nous avions touché le forcené à l'épaule. C'était en pleine nuit. Il a de nouveau tiré. Nous avons donné l'assaut. Au moment où l'on est entré, le forcené se trouvait dans le couloir à cinq mètres, avec son fusil. Nous l'avons tué. C'était lui ou deux gendarmes du GIGN. »

Philippe Masselin se souvient d'un autre dossier de forcené, cette fois-ci avec un heureux dénouement. L'affaire se déroule à Chelles, en Seine-et-Marne, en avril 1982. Le GIGN est requis. Le forcené, membre d'un club de tir, est armé de quatre fusils, d'une arme de poing et de milliers de munitions – il en tirera deux mille. Il fait feu tous azimuts.

« Sur place, il y a les trois officiers du GIGN – Christian Prouteau, Paul Barril et moi – pour un seul forcené. Celui-ci, retranché dans un appartement au dernier étage d'une tour, tire sur tout ce qui bouge. Il a déjà blessé deux personnes qui allaient faire leurs courses au supermarché. Prouteau commande l'opération, Barril s'occupe du dépiégeage de la porte du forcené. Je suis en haut de la tour, au-dessus de l'appartement du forcené, pour engager la conversation avec lui.

« Visiblement, il a envie de se confronter à nous car il nous nargue : "Au GIGN, vous êtes nuls !" De fil en aiguille, on commence à parler armes avec lui. Il s'avère que dehors se trouvait un dépôt de véhicules, s'engage alors un concours de tirs de précision chacun de notre côté, sur le mode : "Tu n'es pas capable de faire ça."

« Finalement, profitant d'un moment de diversion, on lui a mis une claque et on l'a arrêté. Il était vraiment tordu car on a retrouvé chez lui des interrupteurs à la poudre noire. Il avait élaboré un retranchement dans son salon en perçant des trous dans les cloisons pour ses angles de tir et avait disposé des clous de charpentier sur des planches pour que les chiens s'empalent dessus. »

## La tondue de Saint-Flour

L'affaire commence à la Libération. Fin août 1944, la ville de Saint-Flour, dans le Cantal, est libérée. Quatre jeunes femmes, accusées d'avoir frayé avec des officiers allemands pendant l'Occupation, sont tondues publiquement avant d'être montrées dans les rues de la ville. Parmi elles, il y a Esther A., 20 ans, que son père enferme alors à leur domicile.

Après le décès de leurs parents, Esther et ses deux frères Hubert et Rémi restent reclus dans leur maison qui appartient au couvent des Carmélites. Ils vivent chichement dans une maison sans électricité avec seulement l'eau froide. Par la porte entrebâillée, ils échangent leur nourriture contre quelques billets. Les religieuses tentent de les expulser. Un des frères tire régulièrement au fusil de chasse sur les murs du couvent en contrebas. Après des années de procédures, le préfet décide leur expulsion.

Le 20 octobre 1983 à l'aube, le GIGN intervient. En quelques dizaines de secondes, Esther et son frère Hubert sont maîtrisés. Ils seront internés. Le corps momifié de leur frère Rémi sera retrouvé dans un duvet sur un vieux lit métallique dans une pièce remplie de détritus.

« Dans ce genre d'opération, nous nous faisons communiquer les plans de la maison, du sous-sol, des caves, des tuyauteries, se souvient Philippe Legorjus, à l'époque numéro 2 du GIGN commandé par Philippe Masselin. Là, ce n'est pas possible parce que personne ne connaît la maison. Et discuter avec eux, c'était juste impossible. Nous avons monté une opération par surprise et nous savions à l'avance que nous devrions improviser.

« J'étais avec l'équipe d'assaut. Nous sommes entrés à trois en pulvérisant la porte. Christian Lambert avait préparé des gaz pour les neutraliser. Nous sommes entrés en portant des masques à gaz. Christian a commencé à balancer du gaz en quantité. Je vois une ombre qui s'approche de moi avec un fusil, je lui saute dessus et j'arrive à le neutraliser. Dans la bagarre, il m'arrache mon masque à gaz. Et Lambert continue à balancer du gaz.

« J'ai amené le type sur le pas de la porte, je l'ai remis à des gendarmes départementaux. Pas un coup de feu tiré. C'était nickel. La tension s'est relâchée. J'ai senti d'un seul coup tout le gaz que j'avais inhalé pendant l'intervention. On m'a mis sous la tente à oxygène. J'étais rentré côté droit et Norbert, un sous-officier, rentré côté gauche, est tombé dans un trou du plancher découpé pour faire office de latrines. »

## Peter Kintscher, le pirate amoureux

Dix ans avant la libération des otages de l'avion d'Air France sur l'aéroport de Marignane, une autre prise d'otages – cette fois-ci rocambolesque et sans victime – s'était déroulée sur l'aéroport de Marignane à l'été 1984.

« C'est l'histoire de Peter Kintscher, un Allemand de 20 ans, qui passe des vacances sur la Côte d'Azur et qui s'amourache d'une jeune Canadienne, commente Philippe Masselin, alors chef du GIGN depuis deux ans. À la fin des vacances, elle retourne dans son pays et le jeune Allemand dans le sien. Rentré en Allemagne, il se dit qu'il aimerait bien la revoir. Il redescend dans la région de Marseille et décide d'aller la retrouver en avion. Après avoir réalisé plusieurs cambriolages dans son pays, pour récupérer un peu d'argent et des armes (une dague et un fusil de chasse), il gagne l'aéroport de Marignane. Il découpe le grillage, monte dans un Boeing 707 cargo de la SFAIR, une compagnie de transport de fret qui doit décoller pour Djanet, dans le sud algérien, pour livrer 30 tonnes de matériaux de construction. Peter Kintscher se dissimule dans la cargaison. Le lendemain, l'avion décolle pour Djanet avec six personnes. Le pirate de l'air exige que l'appareil prenne la direction du Canada. L'équipage lui explique que l'avion est trop lourd, qu'il n'a pas assez de carburant, pas de plan de vol et qu'il faut donc rentrer à Marignane pour vider le fret et reprendre du carburant. L'avion vient se reposer à Marignane. À l'époque, le RAID n'existait pas. À Marseille, il y avait le GIPN, créé en 1972 et dirigé par le commissaire Georges Nguyen Van Loc, surnommé « le Chinois ». Celui-ci s'impose pour intervenir bien que l'aéroport soit en zone gendarmerie. À Paris, les autorités se rendent compte que le GIPN rencontre des difficultés. Nous recevons l'ordre de descendre à Marignane. L'équipe d'alerte du GIGN, une vingtaine de gendarmes avec un chien d'attaque, part à bord d'un appareil du Groupe de liaisons aériennes ministérielles (Glam). Le GIPN de son côté recherche des combinaisons marquées « aéroport de Marignane » pour intervenir mais celles-ci ne lui conviennent pas.

« À notre arrivée, nous disons aux autorités que nous allons intervenir en tenue de journaliers (jean, baskets, casquette). Nous annonçons aux pilotes que nous allons vider l'avion et nous commençons à le décharger. Notre plan est de coincer une palette, puis de faire monter quelqu'un dans l'avion pour la débloquer. Un gendarme volontaire en civil, un grand balèze, se présente en bas de la passerelle, sans arme. Je fais comprendre au pilote que nous ne sommes pas des journaliers mais le GIGN. Le gendarme monte dans l'avion où il est fouillé par Peter Kintscher. Il fait semblant de débloquer la palette avant de lui mettre une patate qui lui fait descendre l'escalier au bas duquel nous le récupérons.

« Après, je vois arriver trois voitures – gyrophare et avertisseur deux tons – avec des policiers qui nous demandent de leur remettre le preneur d'otages. Nous amenons le jeune homme avec ses armes à la gendarmerie des transports aériens (GTA). Je garde deux hommes avec moi et je renvoie le reste de l'équipe d'alerte avec l'avion qui nous a amenés. Je prends congé des autorités. J'entends un brouhaha et je vois les radios, FR3 et la presse locale. Je fais l'âne et je demande à un journaliste ce qui vient de se passer et il me rétorque : “Le GIPN, qu'est-ce qu'ils sont bons ! Il y avait une prise d'otages et ils l'ont neutralisé.” Je lui dis alors que c'est le GIGN qui est intervenu et que j'étais le patron de l'unité. »

## Wanda, la « sadothérapeute »

Un beau matin de novembre 1984, dans la banlieue ouest de Lyon, une équipe du groupe interpelle Wanda, 37 ans, qui avait tiré sur des gendarmes et un huissier venu lui signifier son expulsion. Des voisins avaient multiplié les pétitions pour protester contre les bruits provoqués par cette « sadothérapeute ».

« C'était à Ecully dans le Rhône, dans une banlieue résidentielle à l'ouest de Lyon, dans l'appartement plutôt cossu et soigné de Wanda, une sadothérapeute qui soignait ses patients avec des fouets, des fers, des menottes et autres objets en cuir, précise Philippe Legorgus. Une forme de prostitution par le sadisme. Sauf que son activité, avec les allées et venues incessantes de ses clients ou le bruit qu'ils faisaient lorsqu'elle les fouettait, avait provoqué des plaintes de ses voisins. Bien que propriétaire de son logement, Wanda avait fini par recevoir un avis d'expulsion. Quand les gendarmes sont venus avec un huissier pour lui signifier son avis d'expulsion, elle leur a tiré dessus avec un fusil de calibre 12 avant de s'enfermer chez elle. À l'époque, les gendarmes appelaient le GIGN de Satory. Aujourd'hui, ce serait un PSIG ou une antenne du GIGN.

« L'arrestation s'est passée très souplement. Nous sommes rentrés par le balcon du dessus. Elle était sur le pas de sa porte où elle discutait avec un journaliste de *Libération*, Robert Marmoz. Nous avons rampé sur ses très beaux tapis pour nous emparer de son arme. Une opération en douceur après laquelle son appartement a été fouillé. Les gendarmes présents n'avaient jamais vu un aussi bel appartement. Nous avons passé ensuite une super soirée avec le journaliste de *Libération*. Retour à 5 h à Satory. Et footing quotidien à 8 h, autour du lac.

## Marcel, le forcené de l'île de Ré

« C'est pas seulement à Paris que le crime fleurit », chantait Georges Brassens. La violence surgit également dans de petits villages tranquilles. Témoin, ce forcené qui a troublé en 1986 La Couarde-sur-Mer, une cité balnéaire alanguie, le long d'une longue plage dorée.

Début août 1986. Ré est encore une île – le pont sera construit deux ans plus tard – et la saison touristique y bat son plein. Depuis une quinzaine de jours, Marcel, un veuf de 72 ans, crible de plombs de chasse les volets de bois vert de ses voisins. Il se dit persécuté par les « Jordaniens et les Libyens ». Cela fait une semaine qu'il s'est même barricadé dans sa petite maison de plain-pied à quelques dizaines de mètres de la plage, armé de plusieurs fusils et autres carabines de chasse, et de nombreuses munitions. Il menace les gendarmes qui tentent de le raisonner. En accord avec le Parquet et la Préfecture, la brigade de Saint-Martin-de-Ré à quelques kilomètres de là, fait appel au GIGN.

Le samedi 2 août, une quinzaine d'hommes et deux chiens du GIGN, venus de Satory, se déploient autour de la maison. Marcel tire une salve de chevrotines à bout portant sur un gendarme protégé par son casque. Quatre hommes, sans arme, se saisissent alors du septuagénaire en quelques secondes. Force est restée à la loi !

Autre catégorie, pas toujours moins dangereuse que les forcenés : les « traqués ». Il y en a de toutes sortes, du criminel de droit commun au terroriste en cavale, comme les frères Kouachi en janvier 2015. Traque qui a mobilisé des centaines de gendarmes, appuyés par le GIGN. D'autres traques avant et après celle de Dammartin-en-Goële, menées avec la participation du GIGN, ont mis fin aux agissements de terroristes, ce fut le cas avec un commando de trois Basques d'Iparretarak, dans la nuit du 10 au 11 novembre 1992.

Ce commando d'Iparretarak est arrêté pour la première fois en flagrant délit. Les trois Français de l'organisation indépendantiste basque s'apprêtaient à faire sauter le palais de justice de Dax. Cette première est à mettre à l'actif de l'unité qui a été engagée à de nombreuses reprises contre ce mouvement clandestin armé.

« C'était une mission de deuxième alerte[2], précise Denis Favier. Éric et moi, nous étions tous les deux à la caserne. Je pars donc avec le groupe de deuxième alerte. Nous mettons en place avec Jean-Marie Grivel un dispositif discret autour du palais de justice de Dax. Deux heures après, le commando de trois hommes pénètre dans notre dispositif. C'est un truc qui n'arrive jamais. Ils étaient suivis par la section de recherches de Pau depuis le Pays basque. On les arrête en flagrant délit. Ce fut une des opérations marquantes du GIGN après l'arrestation par le GIGN en février 1988 du fondateur d'Iparretarak, Philippe Bidart, soupçonné du meurtre de deux policiers et de deux gendarmes. »

## Sur les traces de Khaled Kelkal

Khaled Kelkal, un jeune terroriste du Groupe islamique armé (GIA), est considéré comme l'un des responsables des attentats à l'explosif (dix morts) commis en France en 1995. Il est activement recherché après que ses empreintes ont été relevées fin août 1995 sur une bonbonne de gaz posée près de la ligne TGV, à quelques kilomètres au nord de Lyon. Repéré dans les monts du Lyonnais, le 27 septembre 1995, il est tué deux jours plus tard à Vaugneray (Rhône) près de Lyon, par des gendarmes de l'Escadron parachutiste d'intervention de la Gendarmerie nationale (EPIGN) qui le traquaient avec le GIGN et des centaines d'autres gendarmes.

« À cette époque, je viens de prendre le commandement de l'escadron parachutiste, précise Hubert Bonneau. Je suis en Algérie et je reviens spécialement pour cette opération. Ce fut une grosse opération dont les enseignements ont beaucoup servi pour Dammartin-en-Goële. Khaled Kelkal se cache dans les bois avec

2. *L'équipe de deuxième alerte, prête à partir dans les deux heures, gère notamment les missions d'arrestations judiciaires. Elle peut également renforcer l'équipe de première alerte en cas de crise grave.*

un complice, Karim Moussa. Celui-ci est blessé par un gendarme. Le GIGN est alors déployé pour les interpeller. Dans le dispositif, il y a également des éléments d'observation et de recherche de l'EPIGN qui s'enterrent sur le terrain pour contrôler les axes.

« Au même moment, dans la nuit du 27 au 28 septembre, le mercenaire français Bob Denard renverse le président élu aux Comores. Le GIGN y est alors immédiatement envoyé pour l'arrêter. L'EPIGN reste sur place. Plus personne n'y croit trop mais on met beaucoup de pression sur la zone, comme on le fera à Dammartin-en-Goële, trente ans plus tard. À un moment, nous relâchons la pression et Khaled Kelkal bouge. On le repère à un arrêt de bus à Vaugneray. Il sera neutralisé par un gendarme de l'EPIGN. »

## Les traques des années 2020

Durant le printemps et l'été 2021, le GIGN engage trois grosses opérations pour traquer des hommes armés en France, en déployant plusieurs centaines d'hommes.

Ainsi, quelque 480 gendarmes mobiles, départementaux, officiers de police judiciaire, équipes cynophiles et gendarmes du GIGN central et d'antennes GIGN vont rechercher un homme soupçonné d'avoir tué son employeur et l'un de ses collègues le 11 mai dans les Cévennes. Cette mobilisation de grande ampleur aboutira quatre jours plus tard à la reddition du meurtrier.

Même dispositif deux semaines plus tard en Dordogne. Le 29 mai, un ancien militaire, porteur d'un bracelet électronique et interdit de port d'arme, se rend au domicile de son ex-femme. Il la menace d'une arme avant de tirer sur des gendarmes venus à son secours et de s'enfuir. En quelques heures, le dispositif de la gendarmerie monte en puissance. Plusieurs centaines de gendarmes mobiles et départementaux, des équipes cynophiles, sept hélicoptères et sept engins blindés sont déployés dans cette région boisée et difficile d'accès. Après 36 heures de recherches, l'homme est finalement repéré. Il tire de nouveau, cette fois-ci sur des gendarmes qui ripostent et le blessent grièvement.

Le 18 juillet, un homme, soupçonné d'un féminicide près de Saint-Tropez (Var), tire sur un gendarme. Recherché par plus de deux cents gendarmes, il est retrouvé mort par suicide 48 heures plus tard dans l'arrière-pays niçois.

Deux ans plus tard, mais à plus de 7 000 kilomètres de là, Arnaud Blanc, un sous-officier de l'antenne GIGN de Cayenne, est tué le 8 avril 2023 sur un chantier d'orpaillage clandestin en Guyane. Quelque 500 gendarmes et militaires des forces armées guyanaises (FAG) vont participer à une immense battue pour retrouver le meurtrier. Une équipe du GIGN de Satory part immédiatement dans un avion de transport militaire À400 M de l'armée de l'Air avec un hélicoptère dans la soute. Ce détachement est suivi d'un commando des opérations spéciales, affûté aux combats de jungle, et d'un hélicoptère de transport Puma du Groupement interarmées d'hélicoptères (GIH). Sur place, d'autres gendarmes de l'AGIGN de Cayenne et des commandos de l'infanterie de marine ont, dans un premier temps, commencé à se déployer dans la zone où a été tué Arnaud Blanc. Des dizaines de points de contrôle sont installées sur les routes, les pistes et les cours d'eau de la zone. Ce dispositif sera maintenu pendant plus de deux semaines. La pression sur les chercheurs d'or clandestins brésiliens du secteur permettra ensuite d'identifier et d'arrêter six hommes, dont le meurtrier présumé d'Arnaud Blanc.

« Les traques, il y en a toujours eues, tient à préciser d'entrée Ghislain Réty, chef du GIGN depuis l'été 2020[3].

« Auparavant, on envoyait une antenne et l'on ne s'en occupait plus. Pour ces grandes traques de 2021, nous avons envoyé un détachement de la Force d'intervention (FI) et des capteurs de la Force d'observation recherche (FOR) du GIGN central et deux

3. *Entretien avec l'auteur.*

antennes, soit une centaine d'hommes. C'est le GIGN de la troisième génération (GIGN 3.0) qui a permis de le faire. Désormais sur une crise importante, nous pouvons engager 200 personnels du GIGN. La traque en Guyane après la mort d'Arnaud Blanc a été également rendue possible par ce nouveau GIGN 3.0. »

## Entre go fast... et go slow

*Go fast* : transport de drogues par des véhicules rapides – principalement par voie routière – pour échapper aux douanes, à la police ou à la gendarmerie. Récemment sont apparus les *go slow*, des véhicules qui emportent toujours de la drogue mais à une vitesse normale pour ne pas attirer l'attention. Depuis une vingtaine d'années, le GIGN améliore ses procédures pour intercepter go fast ou go slow sans dommages pour les gendarmes, les trafiquants et les autres usagers de la route.

Ghislain Réty, préfère parler « d'interpellations de véhicules en mouvement ». Pour les huit premiers mois de l'année 2023, le GIGN a comptabilisé une dizaine d'interceptions de véhicules transportant de la drogue. Le 30 mai 2023, lors de son journal de 20 h, TFI a diffusé un reportage montrant l'interpellation sur l'autoroute d'un homme transportant 115 kilos de drogue dans un véhicule banal et roulant à une vitesse normale. Une arrestation dynamique, musclée et sans violence, bouclée par les gendarmes en moins de 90 secondes.

« Les go fast, explique Ghislain Réty, ne roulent pas forcément très vite mais peuvent être très dangereux. Nous avons ainsi eu affaire, près de Cannes, à un go fast, un poids lourd qui a fait marche arrière. Ce type d'interception est très dangereux parce que l'on n'est pas à l'abri d'un conducteur qui prend la poudre d'escampette et percute des voitures en prenant le maximum de risques au détriment d'autres usagers. Il faut être précis dans la coordination et dans la mise en place des moyens. Nous possédons aujourd'hui un vrai savoir-faire. Chaque interpellation fait l'objet d'un debriefing puis d'améliorations sur le plan technique et celui de la coordination. Les moyens techniques modernes nous aident parce que les équipiers peuvent échanger en permanence. Ils connaissent en temps réel la position de chacun des véhicules des gens de la Force d'observation recherche (FOR) et de la Force d'intervention (FI) qui sont en contact permanent lors de l'opération. C'est de l'horlogerie, mais on n'est pas à l'abri d'un incident majeur. »

Le 1er février 2011, le GIGN stoppait, à proximité de l'entrée du viaduc de Millau sur l'autoroute A75, trois véhicules, dont l'un transportait plus de 1 200 kilos de haschisch conditionnés en 36 valises marocaines. Le GIGN avait piégé le convoi des trafiquants en simulant un ralentissement, suite à un faux accident.

Laurent Phélip, alors chef d'état-major opérationnel du GIGN, fait le récit de cette spectaculaire opération.

« C'est une des premières fois, après la réforme de 2007, où la Force d'intervention (FI) s'engage avec la Force observation recherche (FOR). C'est la première fois également que le GIGN met en œuvre un protocole opérationnel avec les Douanes[4] qui ont demandé l'aide des gendarmes. C'est aussi la première fois que le GIGN tente d'arrêter plusieurs véhicules en même temps.

« Nous sommes restés une semaine à attendre le convoi. Près de 120 membres du GIGN sont engagés : une cinquantaine de la FI, une vingtaine de la FOR, des éléments pour les transmissions, et les chiens. Sans compter une Alouette de la Gendarmerie et un Puma de l'armée de Terre. Notre PC était installé dans les locaux du péage et nous occupions trois hôtels à Millau. Le GI avait déployé son dispositif entre l'Espagne, d'où venait la drogue, et Lodève (Hérault). La FOR suivait les trafiquants sur leur itinéraire. Il nous fallait choisir un terrain favorable et prévoir l'organisation du ralentissement.

4. *Plus précisément, la Direction nationale du renseignement et des enquêtes douanières.*

« Au départ, on nous dit qu'il y aurait deux voitures porteuses. Nous avons arrêté trois véhicules, dont l'un était chargé de 1 200 kilos de haschisch. Sur l'autoroute, nous avons roulé de front avec trois camions blancs de la Gendarmerie mobile de 19 tonnes, pilotés par des gendarmes du GI, en bouchon arrière. Il fallait éviter que des véhicules d'usagers entrent dans le dispositif. Il fallait aussi bloquer les véhicules des trafiquants si ceux-ci repartaient en sens inverse. C'est ce qui est arrivé pour un véhicule qui a heurté l'un de nos camions. Le conducteur s'est enfui avant d'être repéré dans la forêt par un hélicocoptère et stoppé par un chien. Pour cette opération hors norme, nous avions répété à Satory, sur les pistes du GIAT[5], la mise en place des camions et des autres véhicules pour le faux embouteillage. Le jour J, nous étions en train de démonter le dispositif quand le convoi s'est finalement rapproché de la zone. La FI, qui était en train de remonter vers Paris, a fait demi-tour pour se remettre en place dans l'urgence. »

5. *Pistes d'essais du groupe de fabrication de véhicules blindés, à quelques centaines de mètres du GIGN.*

# Chapitre VII

## L'art du commandement

« Celui qui veut être obéi doit savoir commander », disait Nicolas Machiavel. Cela paraît si simple... et pourtant si compliqué ! Dans un groupe d'intervention tel que le GIGN, un ordre ne s'aboie pas. Ces hommes-là ont du caractère, c'est même pour cela qu'ils ont été recrutés. Entre le « patron » et ses officiers et sous-officiers, ce sont plus des relations entre spécialistes qu'une question de grades, sachant évidemment que le dernier mot, l'ordre ultime avant l'action, revient au commandant de l'unité. Mais chacun sait quel est le but visé, ce qu'on attend précisément de lui, quelle est sa place dans le groupe. Chacun sait quelle est la tactique envisagée parce qu'elle a été expliquée, voire débattue. Une tactique qui se découpe de seconde en seconde, au rythme de gestes parfaitement maîtrisés, maintes fois répétés, comme dans un ballet dont chaque pas est capital, à cette différence essentielle qu'à la fin, on ne s'attend pas à des applaudissements mais à sortir indemne d'une confrontation qui peut être violente. Et lorsque la vie est en jeu, le commandement s'effectue sur un principe fondamental : la confiance.

« Ce sont effectivement des gens qui ont du caractère, confirme Christian Prouteau (1974-1982). Quand ils sont convaincus que ce que vous leur enseignez, c'est ce qu'il faut pour qu'ils réussissent, cela vous aide à construire ce que vous voulez faire[1]. C'est leur caractère qui les emmène vers le meilleur. Si ce n'est pas toujours facile de diriger des gens avec des fortes personnalités, cela vous permet aussi de faire évoluer l'unité à un niveau supérieur parce qu'ils ont tendance, même, à en rajouter un peu. À vous de fixer les limites. »

« J'ai vécu un commandement de proximité, se souvient Philippe Masselin (1982-1986). Nous étions 85 à mon époque et il était facile de s'entretenir avec un sous-officier quand il y avait un problème[2]. Deuxième élément important, je m'appuyais beaucoup sur les trois chefs de groupes, des gradés supérieurs qui avaient, eux aussi, l'expérience du commandement. Pour les démonstrations, j'étais toujours présent et je participais aussi à des entraînements classiques de base. Je discutais avec les uns et les autres dans le cadre de leurs compétences particulières. Le principe était que la porte de mon bureau était toujours ouverte. Tout était très limpide. »

« Je n'ai jamais fonctionné de manière directive au sens pyramidal et hiérarchique du terme, assure Philippe Legorjus (1986-1992). Ce n'est pas parce que je suis commandant ou lieutenant-colonel que je dois imposer toutes mes vues. Je distingue ce qui relève de la mission et de la préparation à la mission, de ce qui relève de la vie courante[3]. Pour la vie courante, j'ai délégué tout ce qui en relevait aux sous-officiers. Ils réglaient les problèmes de service, la logistique, l'organisation des séances de saut, le nettoyage de la caserne[4]. C'était aussi une délégation de responsabilités de manière qu'ils se sentent partie prenante de la vie de l'unité. Je me mêlais donc très peu de l'organisation de la vie courante.

1. *Entretien avec l'auteur.*
2. *Entretien avec l'auteur.*
3. *Entretien avec l'auteur.*
4. *À l'époque, le nettoyage de tous les locaux du GIGN était effectué par les personnels de l'unité. Aujourd'hui, une entreprise extérieure en est chargée, sauf pour les locaux dits « sensibles », toujours nettoyés par des gendarmes.*

« Par ailleurs, j'ai délégué à mes officiers adjoints des pans entiers de l'entraînement opérationnel et des formations. Jean-Pierre Picon était très fort pour ça. Bruno Carmichael, un scientifique, se chargeait des formations hypertechniques et Lionel Chesneau, qui avait un très bon contact humain avec les sous-officiers, était généraliste. J'ai toujours gardé une certaine distance.

« Je me suis toujours positionné au niveau de la responsabilité de la direction des opérations, même quand l'opération était menée par un officier adjoint ou un sous-officier. Comme je ne m'occupais pas de la vie courante, je gardais toute ma fraîcheur créatrice pour la conduite des opérations. Je pense que Prouteau faisait un peu la même chose. »

Pour Lionel Chesneau (1989-1992), « le commandement, c'est la seule chose qui ne s'apprend pas, et encore moins au GIGN. C'est éminemment personnel et instinctif. C'est une alchimie[5]. Commande-t-on vraiment les gens du GIGN ? Peut-être qu'on ne les commande pas ? Peut-être parce que l'on se fait respecter pour ce que l'on est, que l'on ne cherche pas à être ce que l'on n'est pas. Je me suis souvent posé la question après mon commandement. Pourquoi, ou plutôt comment, moi qui n'avais aucune prétention d'aucune sorte dans cette unité – j'aurais très bien pu faire une carrière en gendarmerie sans mettre les pieds au GIGN –, ai-je pu exercer mon commandement ?

« J'avais commandé dans mon escadron avant le GIGN et j'ai toujours gardé la même façon de faire. C'est-à-dire que je n'ai jamais cherché à être quelqu'un d'autre que ce que je suis. J'ai toujours beaucoup parlé avec les gens. Mais j'ai toujours montré que, quand il le fallait, le chef c'était bien moi. Et que toute discussion, quelle qu'en soit l'issue, débouchait sur une décision. Que le temps de l'échange pouvait être long et compliqué, mais que le temps de la décision appartenait au chef.

5. *Entretien avec l'auteur.*

J'ai l'habitude de dire : "Dans notre métier, les galons sont sur l'épaule. Il n'y a pas besoin de dire qui l'on est, cela se voit tout de suite. Le caporal, le lieutenant, le colonel, c'est écrit dessus. Donc pas besoin d'en rajouter."

« Tant que l'on ne confond pas l'estime, la discussion, l'amitié – il y avait sans doute des sous-officiers avec qui j'étais davantage ami qu'avec d'autres –, avec le manque de respect, il n'y a pas de problème. Cela étant, on se demande toujours si l'on a été un bon commandant du GIGN. Quand on succède à des gens comme Prouteau, on ne se sent pas forcément légitime. Récemment, sur Facebook, la fille de mon ancien adjoint dans mon escadron a écrit : "Ah, c'est vous le colonel Chesneau, vous étiez à l'escadron de Verdun, j'étais une petite fille à l'époque, mon père n'a pas arrêté de me parler de vous, tous les gens qui ont servi avec vous en parlent tout le temps, c'était la fête permanente !" J'ai toujours été davantage un chef de colonie de vacances – même au GIGN – qu'un chef tel que l'on peut l'imaginer. Ce qui fait ma caractéristique, c'est que mon état de commandant d'unité ne se manifestait pas en intervention. Parce que tout le monde sait ce qu'il a à faire en intervention. Le rôle du chef, c'est simplement de décider du moment de l'intervention. Je n'ai donc jamais eu à dire à quelqu'un ce qu'il avait à faire. Les chefs de groupe étaient là pour ça, et les gendarmes avaient une telle expérience qu'ils savaient pertinemment pourquoi ils étaient là.

« Par contre à la caserne, le commandant du GIGN, est très important ! Il faut être en permanence à l'écoute, comprendre quel est le niveau de tension, le niveau du problème, qui a fait quoi, qui aurait dû faire quoi et ne l'a pas fait.

« Je n'ai jamais prétendu être le meilleur violoniste, le meilleur pianiste, j'ai toujours été là pour être le chef de l'orchestre, c'est-à-dire faire en sorte que tout le monde joue ensemble. Ça a été parfois compliqué. Les sous-officiers du GIGN sont des pilotes de Formule 1 avec une disponibilité, une perspicacité et un professionnalisme sans faille. Ils ont parfois des egos un peu démesurés et il faut en remettre certains à leur place. Un jour, le médecin des expéditions de Paul-Émile Victor est venu au GIGN avec une question : "Comment arriver à faire fonctionner une écurie de 50 pilotes de Formule 1 ?" Je lui ai répondu que ce qui était important, c'était d'avoir beaucoup de confiance. Je savais que chacun ferait le maximum au bon moment, et eux savaient qu'ils avaient en moi le défenseur absolu de leur cause. Parce que c'est ça aussi, le secret du commandement – et ça ne s'applique pas seulement chez les militaires : commander, c'est endosser le problème quel qu'il soit, et en aucun cas se défausser à l'extérieur. Quitte à s'expliquer ensuite en interne. »

« C'est le commandement le plus dur parmi ceux que j'ai exercés dans la Gendarmerie, confie Denis Favier[6]. Tu y laisses des plumes, tu y laisses beaucoup de jus, beaucoup de toi. Tu as de très grands moments de doute. C'est un commandement exigeant. On ne te pardonne rien quand tu commandes le GI. Ni ta hiérarchie ni tes hommes, si jamais tu as une faiblesse. Tu es en permanence amené à la remise en question. Tu peux avoir le sentiment à un moment que tout va bien. Et puis, tu vas te ramasser une balle perdue que tu n'as pas vu venir. Parce que tu n'as pas été parfait sur un truc, parce que quelqu'un ne comprend pas.

« C'est une unité avec des caractères très forts. Pour avoir les résultats que le GIGN obtient en opération, ce n'est pas possible avec des gens qui n'auraient pas de caractère. Très solides en opération mais très compliqués à commander entre les missions. Des pur-sang. Très véloces, qui veulent comprendre quand cela ne marche pas en opération. Qui mettent alors tout sur la table. Avec des débriefings durant lesquels tout est évoqué, que tu sois patron ou pas. C'est aussi à ce prix-là que l'unité progresse.

---

6. *Entretien avec l'auteur.*

« Comme les gens du GI sont parfois cash et très directs, ils vont venir te dire les choses. Pour le chef, la remise en question est vraiment permanente. Il n'y a jamais rien d'acquis. La remise en question, c'est tous les jours. On attend du chef, non pas qu'il soit le premier sur tout, mais qu'il soit irréprochable et exemplaire dans son rôle de chef, qu'il porte les dossiers, qu'il défende les personnels, qu'il obtienne des missions, des moyens. On attend tout de lui.

« Il faut distinguer le commandant et le patron. Le commandant, c'est celui qui est affecté, avec le poids, des galons. Dans un système militaire, on respecte le commandant. Au GI, les galons ne suffisent pas. Ce qui marche au GI, c'est quand tu es le patron. Et la différence est énorme. Patron, c'est dix fois au-dessus de commandant. Tu deviens patron quand tu es légitime et tu deviens légitime dans les opérations. Au GI, on ne te dit pas d'emblée "Patron". Tu dois faire tes preuves en opération. Quand tu es patron, on te reconnaît un peu plus d'autorité. J'ai été appelé patron après Marignane. J'ai dû faire mes preuves tous les jours. Les hommes sont hors normes, opérationnels, dévoués mais exigeants vis-à-vis d'eux-mêmes et de leur chef. C'est un commandement qui s'aborde avec beaucoup d'humilité.

« Les sous-officiers sont des gens extrêmement forts mais aussi extrêmement sensibles, avec une part de fragilité. Le patron doit les accompagner, les aimer et les connaître intimement. Il doit savoir que tel gendarme est fragile parce que sa situation familiale l'est, et que cela peut avoir une incidence sur les opérations. S'il n'est pas très bien, il ne faut pas le mettre ce jour-là à l'assaut mais à l'appui. Le commandement doit être très intuitif et au contact. Il faut donc beaucoup de proximité. Mais la proximité, ce n'est pas de la démagogie. Il faut beaucoup de proximité et un peu de distance. Le patron reste le patron. Il faut que les gens aient envie de partir en mission avec lui. Il faut que la confiance règne du bas vers le haut et du haut vers le bas. Ce qui ne se décrète pas. Il faut travailler cette confiance au quotidien. Quand tu es reconnu comme patron, que la confiance existe dans les deux sens, le GI est une unité avec laquelle tu peux faire des choses énormes. Cela suppose que toutes les planètes soient alignées, que le patron soit reconnu, qu'il connaisse parfaitement les capacités de son unité, qu'il ait confiance dans ses hommes et que le patron ait confiance en eux. Car, au final, ce sont eux qui vont engager leur vie.

« Ils veulent un patron qui patronne, "Un chef, c'est fait pour cheffer", disait Chirac. Le GI est une unité qui a besoin d'avoir un patron, d'être commandée et d'avoir un objectif clair. C'est aussi une unité qui a besoin de beaucoup d'explications. Les sous-officiers sont tous des Ferrari et pas uniquement en opération. Ils sont très bien câblés. Ils ont besoin de comprendre le sens d'une action. Il ne faut donc pas hésiter à expliquer le but à atteindre et, ensuite, garder le cap. »

Éric Gérard, commandant du GIGN (1997-2002) après Denis Favier, qualifie les sous-officiers de l'unité de « gens extraordinaires »[7].

« Les sous-officiers du GIGN sont des gens d'exception. Ils fonctionnent différemment des autres mais sont respectueux. Ils sont parfois un peu provocateurs et ils n'aiment pas qu'on leur marche sur les pieds. Pour le commandement, une fois qu'ils ont confiance dans leur chef qui leur dit "Top action", ce sont des gens extraordinaires qui obéissent, qui vont jusqu'au bout. Je n'ai jamais vu un membre du GIGN ne pas respecter les galons. Ils sont fiers de leur engagement et de la Gendarmerie qu'ils sont fiers de servir. Comme disait Olivier Kim[8] : "Ils sont dans le quotidien de l'exception, cette exception du quotidien." Il y a au GIGN beaucoup de fidélité, de respect et de loyauté dans le creuset qui nous forme tout au long de notre parcours. Ce quotidien, que l'on partage comme chef avec les sous-officiers, crée cette cohésion. Celle-ci fait que les gens du GIGN nous

7. *Entretien avec l'auteur.*

8. *Commandant en second du GIGN lors de l'opération de Marignane, actuellement général de corps d'armée, directeur des opérations et de l'emploi.*

reconnaissent comme chefs. Denis Favier, s'est imposé sur le terrain, en chef. »

De son côté, Frédéric Gallois (2002-2007) a « découvert un commandement extrêmement complexe, exigeant et passionnant. Au GIGN, on est dans un univers où pour obtenir un tel niveau d'excellence, les personnels sont en permanence dans une posture de défi. Il n'y a pas de compétition mais du défi. Le défi y est quotidien par rapport à sa propre performance, celle du groupe et celle de la hiérarchie. Il y a une sorte de challenge des officiers par les sous-officiers qui veulent s'assurer de la solidité de l'officier. Ils sont en permanence en train de le tester et de vérifier ce qu'il est capable d'encaisser dans les relations. Son grade et la hiérarchie restent assez secondaires, mais la vraie hiérarchie, c'est celle des hommes, comme dans une meute au côté assez animal et primitif, dans laquelle il faut être fort et ne pas être dévoré.

« On n'entre pas seulement au sein du GIGN grâce à une hiérarchie décidée de l'extérieur. On a beau avoir un grade, si on n'arrive pas à s'imposer et à résister à la pression, on est éjecté. Il y a d'ailleurs des officiers qui ne sont pas restés. La sélection est donc très forte. Asseoir son autorité, c'est un combat permanent. C'est à la fois très éprouvant et très formateur. Tous les jours, on va au stand de tir, s'entraîner à la boxe, donner un ordre de mission, croiser quelqu'un dans un couloir, on est en permanence soumis à une pression. À ce défi, il faut savoir répondre avec finesse et, parfois, avec force. À cet égard, il m'est arrivé de régler mes comptes sur le ring. Il faut aussi de l'autorité. »

Selon Thierry Orosco, patron du GIGN de 2011 à 2014, « commander le GIGN, c'est concilier l'inconciliable ».[9]

« La base du recrutement, c'est la sélection de très fortes personnalités et de compétiteurs. Mais qui dit fortes personnalités

---

9. *Entretien avec l'auteur.*

et compétiteurs, dit individualistes. Ton seul but de chef, c'est que le GIGN soit une machine collective. Toutes proportions gardées, c'est un peu comme l'équipe du PSG. Ce n'est pas parce qu'on met des stars qu'on va avoir la meilleure équipe. Mais si on n'a pas de stars, l'équipe n'aura pas un haut niveau : le collectif sera bon et fort mais pas exceptionnel. Toute la difficulté du commandement, c'est d'arriver à faire travailler ensemble des gens qui ne sont pas faits pour travailler ensemble. La formation, qui est une formation longue durée, a pour but d'apprendre aux gens à se faire confiance pour agir ensemble.

« Le problème du GIGN, c'est en dehors des opérations. On retrouve alors tous les phénomènes du village gaulois où les gens récupèrent leur instinct de compétiteur. Ce sentiment d'individualisme exacerbé, complètement oublié en intervention, réapparaît à la caserne. Il y a un autre phénomène qui rend les choses difficiles, que l'on retrouve chez les sapeurs-pompiers ou chez les gens qui ont un métier spécifique, c'est qu'ils sont persuadés que personne, excepté les gens de leur monde, ne peut les comprendre.

« Pour les sous-officiers, le patron du GIGN, c'est à la fois le phare et l'un des leurs. C'est le père de famille. Le meilleur père de famille, c'était Prouteau, le père fondateur. En même temps, le chef, c'est celui qui, aujourd'hui, a le pouvoir de faire avancer ou reculer une carrière, de délivrer ou pas des primes d'opération à ceux qui partent en opération et donc, de ne pas les donner à ceux qui ne partent pas. Le rôle du patron est compliqué parce que les gens du GIGN ne reconnaissent que les gens qui viennent de chez eux. C'est pour cela que le modèle du RAID, où arrive un chef qui n'a pas été petit lieutenant au RAID des années auparavant, n'est pas possible au GIGN[10]. Pour les sous-officiers du GIGN, le patron est l'un des leurs et un homme d'expérience.

10. *Les chefs du RAID sont directement nommés à la tête de l'unité sans y avoir été affectés auparavant.*

« Au GIGN, la symbolique est très forte. Au GIGN, quand tu es patron et que le matin tu rentres au bar de l'unité pour le café, tu dois faire attention à dire bonjour à tout le monde. Si tu oublies de dire bonjour à quelqu'un, on va dire : "Ah, le patron a quelque chose contre lui !". C'est, selon un mot qu'utilisait Denis Favier, "le pathos". Les sous-officiers sont des gens très affectifs et qui ont donc des réactions émotionnelles hors opération. Tu ne peux pas demander à des gens de risquer leur vie et, le lendemain, de ne plus être passionnés et d'être calmes. »

Hubert Bonneau a été injustement mis en cause par quelques sous-officiers durant son passage à la tête du GIGN (2014-2017). Certains lui ont reproché – par une lettre anonyme adressée à la presse – de ne pas avoir fait intervenir le GIGN lors de la tuerie du Bataclan, le 13 novembre 2015. C'était un mauvais procès qui avait conduit au départ de l'unité de plusieurs sous-officiers.

« J'ai toujours commandé de la même manière à l'EPIGN (1995-1998) ou au GI qui sont des unités où les officiers font la même formation que les sous-officiers. C'est important d'être légitime. Comme officier, on se doit de connaître et de comprendre toutes les missions de l'unité, même si c'est rare qu'un officier soit au même niveau d'expertise que le sous-officier. Souvent, le sous-officier est plus expert que l'officier dans un domaine. Le patron, c'est le patron. C'est celui qui félicite, qui propose pour des citations ou des médailles, qui promeut, mais c'est aussi celui qui punit et qui prend des décisions. Au GIGN, il faut avoir une vraie proximité avec les sous-officiers. Il n'y a pas de plus grande proximité au quotidien que dans le commandement du GIGN. Mais il faut conserver quand même une distance parce que l'on est le patron. À un moment, le chef doit prendre une décision – on peut en débattre avant – mais après, il doit trancher. »

Laurent Phélip, patron du GIGN de 2017 à 2020, estime que le fait que les sous-officiers et les officiers soient formés ensemble et soient passés par les mêmes épreuves, et donc qu'ils se connaissent, donne du crédit aux officiers quand ils sont intégrés au GIGN.

« Dans les unités de recherche, les pelotons de montagne ou à la Garde républicaine, le spécialiste accepte toujours plus ou moins d'être commandé par un généraliste[11]. Au GI, c'est pareil, et c'est la même chose dans les forces spéciales quand un vieux sous-officier, qui dirige sa section, voit arriver un jeune saint-cyrien. Au départ, on se jauge, on se renifle. Le GI, ce sont des loups, pas des agneaux. Les loups se reniflent et, parfois, ils se mordent pour savoir qui est le chef. J'ai connu le GI à une époque où l'officier n'était pas affecté à un groupe mais tournait entre les différents groupes. Lorsque j'ai commandé le GI, un jeune lieutenant, sortant du stage, était affecté dans une section avec vingt gendarmes et n'en bougeait plus.

« Je n'ai pas constaté davantage de prises de bec entre un lieutenant et son adjoint major qu'entre deux adjudants. Au GI, je n'ai pas vu non plus de situations avec des gens absolument irréconciliables et qui ne voulaient plus obéir. J'ai vu des gens se faire exclure par leurs camarades parce qu'ils n'étaient plus au niveau mais pas parce qu'ils étaient officiers. Le fait de remettre toujours l'ouvrage sur le métier et de se remettre en question s'impose à tous, officiers comme sous-officiers. Celui qui s'arrête de bosser est vite regardé de travers par les autres.

« Après, les choses sont claires : celui qui explique la mission est celui qui commande. La façon dont on fonctionne aujourd'hui, avec des officiers qui sont vraiment proches de leurs gars, qui

11. *Entretien avec l'auteur.*

sont gestionnaires de leurs gars, comme dans un régiment de forces spéciales, qui sont pleins de capacités d'adaptation et qui sont passés par là où sont passés leurs gars, qu'ils soient un peu observés au départ et qu'on leur dise : "Mon lieutenant, ce n'est pas comme ça qu'il faut faire, je vais vous montrer", ça n'a rien de scandaleux. Je n'ai jamais constaté en mission de désobéissances qui aient conduit à des échecs, ce qui serait impardonnable. Qu'au quotidien, on ne soit pas d'accord sur les choses qu'il faut plutôt développer ou pas, ou qu'un adjudant spécialisé en armement de petit calibre ne soit pas d'accord avec son lieutenant qui a une autre vision, c'est normal. On fait alors des tests et on tranche. Ce qu'il ne faut pas, c'est qu'en mission, l'officier n'ait pas pu commander. Je n'ai jamais vu cela en mission. »

Patron du GIGN depuis l'été 2020, Ghislain Réty, qui a déjà passé seize ans dans l'unité, commande un millier de gendarmes. Un effectif à comparer avec celui des années 1980 (90 personnels) et celui de 2007 (400 gendarmes).

« Les profils des gendarmes du GIGN se sont un peu lissés. Les errements, que j'ai pu connaître dans les années 1990 n'existent plus[12]. Aujourd'hui, il y a des chefs de force et des chefs de section qui ont autant, sinon plus, d'expérience que des gradés[13], et donc une vraie légitimité.

« Il y a un système pyramidal. Aujourd'hui, je suis le deuxième plus ancien du GIGN car j'y suis arrivé à mon premier passage en 1995. À part Christian Jacobi[14], ce sont tous des petits jeunes. Le chef de la Force d'intervention (FI), qui a entamé à l'été 2023 sa douzième année d'affilée au groupe, a vu pratiquement arriver tous les personnels de sa FI.

12. *Entretien avec l'auteur.*
13. *Sous-officiers.*
14. *Chef d'escadron et le plus ancien au GIGN où il est arrivé en 1992. Actuellement, commandant du Centre national de formation à l'intervention spécialisée du GIGN.*

« Il y a un respect de la hiérarchie, une forme de militarité, voire de normalité. Ce que l'on pouvait tolérer à 70, on pouvait moins le tolérer à 400 et encore moins à 1 000. Je n'ai jamais commandé différemment au GIGN qu'en groupement ou en compagnie. Un peu de distance, beaucoup de proximité. Le deuxième principe que je m'applique, c'est celui de délégation et de subsidiarité. Je ne fais pas le boulot du chef des opérations, et j'insiste pour que le chef des opérations ne fasse pas celui du chef de mission. Ce qui me permet de prendre du recul sur les sept ou huit missions par jour et de me concentrer sur l'essentiel. On me rend compte de tout, ce n'est pas pour autant que je vais m'immiscer dans tout. Pour ce qui concerne le GIGN central, je valide, on me demande mon accord. C'est bien préparé, c'est bien monté, je fais entièrement confiance. J'attire quelquefois l'attention – c'est aussi l'avantage d'être vieux – sur tel ou tel point clé qu'il faut rappeler ou verrouiller.

« Globalement, j'ai des officiers extrêmement expérimentés qui connaissent leur métier. Et je n'ai pas non plus la prétention de connaître le travail d'une section d'aujourd'hui qui a beaucoup évolué. Ce n'est pas parce que l'on a vingt-cinq ans d'ancienneté que l'on connaît le travail au jour le jour d'un équipier au GIGN. J'en découvre tous les jours, au GIGN. Chaque fois que je fais une nouvelle visite je dis : “Ah bon, on fait ça au GIGN...” C'est la force du GIGN, on laisse une très grande autonomie. Ce qui nous permet de créer, d'innover, d'être très agile. Nous sommes capables de nous adapter en permanence, de trouver des solutions opérationnelles. C'est la vraie force du GIGN. Si on ne laisse pas cette marge de manœuvre à l'Emops (chef de l'état-major opérationnel), il va se scléroser. Même chose pour le chef de mission ou le chef de force[15], c'est très professionnel.

---

15. *Le chef de la force intervention – un lieutenant-colonel – dispose de quatre sections commandées par des capitaines ou des chefs d'escadron. Le chef de section, qui part sur une mission, devient chef de mission et il part avec d'autres moyens que sa section (17 ou 18 hommes),*

« Chaque cellule possède son véhicule et son propre équipement. Dans les années 1990, tout le monde faisait un peu de tout. Aujourd'hui, il y a une spécialisation par métier. On demande une grande polyvalence à l'opérateur de la section d'intervention, qu'il a acquise lors de sa formation initiale. Il a été initié à tous les métiers et va ensuite se spécialiser dans la négociation, l'effraction, le tir à longue distance, le dépiégeage d'assaut, comme plongeur ou comme chuteur opérationnel. Après, il va grandir dans sa section, être chef d'équipe, chef de groupe, adjoint chef de section. Le commandement, c'est donc une fonction très humaine, de proximité. Il y a une tendance à rechercher des chefs pour le GIGN, proches de leurs gars pour les connaître, pour mieux sentir leurs difficultés, pour mieux les faire adhérer à la décision. On les engage dans le très haut du spectre. Il faut convaincre en permanence et cela passe par l'humain.

« C'est assez facile de commander aujourd'hui au GIGN, par rapport aux années 1990. Aujourd'hui, le commandement est davantage normé. Ce n'est plus un sujet. L'avantage d'avoir énormément de candidats pour très peu de places, permet de les sélectionner aussi sur leurs capacités à adhérer aux décisions du chef. Ce qui nous a permis aussi de sortir, par le biais des limites d'âges, ceux qui n'adhéraient plus au système. Un très bon travail avait été fait par mes prédécesseurs. J'ai continué sur cette lancée pour que ceux de l'unité, qui n'adhéraient plus à la transformation ou au changement, quittent le groupe. »

---

*comme un spécialiste des moyens spéciaux (drone, robot), un des communications, un médecin et un infirmier, un négociateur s'il y a une prise d'otages, un mécano, un dépiégeur, un expert NRBC. Soit près d'une trentaine de personnes. Si une antenne est déjà sur place, il va en prendre le commandement.*

## Commander c'est aussi punir

Dans ce domaine, si les punitions sont restées les mêmes, la nécessité de les donner ou pas n'a pas été vue de la même manière par les chefs des débuts de l'unité et ceux qui leur ont succédé.

Les gendarmes, qui sont des militaires, sont passibles des mêmes sanctions que les militaires des trois armées (Terre, Marine, Air).

Les sanctions, comme les décorations, relèvent du ministère de la Défense. Ces sanctions sont réparties en trois groupes, selon la gravité de ce qui est reproché au militaire. Premier groupe : l'avertissement, la consigne, la réprimande, le blâme, les arrêts, le blâme du ministre. Deuxième groupe : l'exclusion temporaire de fonction, l'abaissement d'échelon, la radiation du tableau d'avancement. Troisième groupe : le retrait d'emploi, la radiation des cadres ou la résiliation du contrat.

Christian Prouteau (1974-1982) est catégorique[16] : « Pendant dix ans de commandement, je n'ai jamais puni un homme, que ce soit sous la forme de jours d'arrêt ou autre chose. Je les punissais d'une manière indirecte : ils n'allaient pas en intervention. Que "le Grand", c'est mon surnom, les empêche d'aller en intervention, c'était la punition qu'ils voulaient tous éviter[17].

« Par contre, j'ai moi-même été puni par ma hiérarchie. J'ai eu une quinzaine de lettres du R/4 PO[18]. Des remontrances parce que mes gars avaient cassé des voitures et que je ne les avais pas punis, ou parce que j'avais râlé pour des problèmes de munitions, ou enfin parce que j'avais dit que je n'irais plus en intervention si je n'obtenais pas tel type d'équipements pour ne pas mettre la vie de mes hommes en danger. »

Lionel Chesneau (1989-1992) assure également « n'avoir jamais puni ». Il ne donnait pas non plus d'autorisation de sortie

16. *Entretien avec l'auteur.*
17. *Entretien avec l'auteur.*
18. *Registre de correspondances confidentielles pour le personnel officier.*

à ses hommes. « Les gens faisaient ce qu'ils voulaient mais ils savaient aussi qu'à la minute où j'avais besoin d'eux, il était hors de question qu'ils ne soient pas là. J'ai toujours privilégié la responsabilité individuelle[19]. »

Un virage sera pris en 1992 avec l'arrivée de Denis Favier à la tête du GIGN (1992-1997). « Ce n'est jamais facile de punir. Le GIGN est une unité qui a besoin d'avoir des repères. Je n'ai jamais donné de punitions infamantes. Ce qui marque les esprits, ce sont les mesures qui touchent à une qualification professionnelle, comme le retrait d'un stage. Ce n'est jamais agréable de sanctionner mais c'est nécessaire pour le collectif. Il faut bien expliquer la punition, en interne, et au gendarme concerné. Il faut recevoir ses arguments, discuter avec lui pour, qu'à la fin, il te dise qu'il a compris. Il est nécessaire d'être sans concessions sur les fautes de comportement à l'extérieur de l'unité. Être très ferme. Il faut que le patron soit craint. Le GIGN doit être exemplaire, et cette exemplarité repose sur une vraie discipline. Le patron est chargé de la faire respecter[20]. »

Pour Éric Gérard (1997-2002), il y a différentes façons de punir. « Mais la pire des punitions, c'est de dire à quelqu'un : "Tu ne pars pas en intervention." Ce que je n'ai jamais eu à dire c'est : "Aujourd'hui tu ne viens pas, tu n'es pas prêt." D'eux-mêmes, les hommes le savaient et ne faisaient pas prendre de risque au groupe.

« Si tu fais quelque chose de mal, c'est normal que tu sois sanctionné », assure[21] Thierry Orosco (2011-2014). D'abord parce que tes hommes ne comprendraient pas que la faute ne soit pas sanctionnée. Mais il faut que la sanction soit adaptée et qu'elle intervienne assez rapidement après les faits. Ensuite, et ça je l'expliquais à mes jeunes officiers, en matière de punition, le fond ne doit pas être pollué par la forme. Quand un type avait fait une connerie, comme casser une voiture, je lui demandais de me raconter, sans me mentir, et de me dire ce qu'il en pensait. Si vous

19. *Entretien avec l'auteur.*
20. *Entretien avec l'auteur.*
21. *Entretien avec l'auteur.*

commencez à dire à celui qui a cassé une voiture : "Vous êtes un gros c... Vous savez combien ça va coûter ?", il n'écoutera pas ce que vous lui direz. Si vous lui demandez : "Pour vous, cette connerie, ça vaut quoi ?", généralement, il sera au-dessus du niveau de la punition que vous envisagez comme chef. Une voiture cassée, c'est dix jours d'arrêt, c'est aussi un peu comme les points sur un permis de conduire. Au bout d'un moment, il y a des points qui reviennent et d'autres non. Avec un malus qui reste sur son dossier, le gendarme puni peut ne pas être éligible à l'avancement. C'est le seul effet d'une punition, mais c'est important parce que le puni peut perdre deux ou trois ans dans son avancement.

« Au GIGN, les gens râlent mais ils trouveraient anormal qu'il n'y ait pas de sanction. Pas pour eux mais pour les autres. Après, on peut toujours trouver des circonstances atténuantes pour chacun. Je n'ai jamais viré personne. Denis l'a fait et j'étais d'accord avec lui. Pour moi, le cas ne s'est pas posé. Il y a une chose importante au GIGN, c'est que l'unité prime sur les hommes. Si tu dois renvoyer quelqu'un, c'est parce que sa présence est préjudiciable à l'unité et il faut donc qu'il parte. Tu n'hésites même pas. Le dernier garant du GIGN, c'est le patron. Il ne faut surtout pas que, par défaut, cette décision soit prise par l'extérieur. Les sanctions, il doit les prendre sans état d'âme puisqu'il sait qu'il est le garant du devenir de cette institution ».

« J'ai beaucoup puni. Il y a des camarades extraordinaires au sein du GIGN, mais certains perdent parfois leurs repères », dit Hubert Bonneau (2014-2017)[22].

« Je n'ai pas pardonné certains manquements faits en opération. C'est arrivé extrêmement rarement mais, dans le peu de cas portés à ma connaissance, les fautifs ont dû quitter le GIGN. Dans deux cas, je n'ai pas transigé. Ils n'avaient absolument pas respecté les fondamentaux de la loyauté et du collectif, je les ai virés. J'ai puni aussi pour des affaires survenues en dehors

22. *Entretien avec l'auteur.*

de l'unité, car je suis intransigeant sur les valeurs que doivent représenter les personnels du GIGN. Pour nos concitoyens, le GIGN c'est l'élite. J'ai donné des punitions jusqu'au blâme du ministre. Parce qu'ils s'étaient mal tenus à l'extérieur et parce que certains avaient perdu la notion de ce qu'ils représentaient. On me l'a reproché mais cela ne m'a posé aucun problème.

« J'ai pu avoir des maladresses en matière de communication interne parce qu'elle est toujours très délicate. Tu ne peux pas être au groupe si tu n'es pas légitime. Je pense que tous les officiers au groupe sont légitimes parce qu'ils ont été engagés sur le terrain avec des sous-officiers. Les rapports que nous avons donc avec les sous-officiers, sont des rapports sous le sceau de la confiance. Quand on a trahi ma confiance, j'ai considéré que c'était de la déloyauté. Je ne l'ai pas accepté. Nous faisons aussi beaucoup d'efforts au GIGN pour protéger tous nos personnels. On a des gars à part qui ont parfois besoin de décompresser. Ce n'est pas un problème. Le lien que nous avons au GIGN, c'est d'abord un lien de confiance. J'ai pu avoir des problèmes avec deux ou trois personnes en interne mais ils sont partis. »

Ghislain Réty, patron du millier de gendarmes du GIGN depuis l'été 2020, confie qu'il punit « toutes les semaines »[23].

« Non seulement j'ai puni, mais j'ai viré des gens des antennes et du GIGN central. Puni, ça va de la lettre d'observation qui n'est pas une punition, jusqu'au blâme du ministre et à la mutation d'office dans l'intérêt du service. J'ai une devise : “Mort aux cons”. Les personnels le savent et l'assument totalement. Les gens de l'unité y adhèrent parce qu'ils recherchent aussi un cadrage fort et un chef qui assume ses décisions. On fixe les limites et quand elles sont franchies : “Mort aux cons”. J'ai puni pour des débordements dans les soirées ou des erreurs manifestes liées à la sécurité et à l'armement. Ce qui pouvait être toléré dans les années 1990, je ne le tolère plus aujourd'hui. Dans l'unité,

23. *Entretien avec l'auteur.*

chacun connaît ce que je ne vais pas tolérer. S'ils débordent, c'est sanction, voire mutation. Je punis et mes chefs de force aussi, à leur niveau.

« On sait récompenser – heureusement, on récompense davantage au GIGN que l'on sanctionne – mais il faut savoir dire quand c'est bien et quand ce n'est pas bien. Faire des extras[24] en dehors du service, c'est mutation d'office dans l'intérêt du service. Le fautif, ce n'est pas quelqu'un qui sert le GIGN mais quelqu'un qui se sert du GIGN.

« Je peux me permettre de punir, si nécessaire, car je dispose de nombreux candidats qui souhaitent intégrer le GIGN. On est toujours nivelé par le maillon le plus faible. Et ce maillon, je le retire pour mettre un maillon un peu plus solide qui va durcir la chaîne. Les personnels souhaitent que l'on sorte les maillons faibles parce que le GIGN, c'est du collectif. Les personnels attendent une sanction contre l'intéressé pour le redresser. Et, s'il ne se redresse pas, ils attendent qu'on le sorte. La sélection aujourd'hui s'est bien durcie. Il y a eu des périodes de sélections moins dures. Les gens évoluent. On recrute un homme, il a 28 ans, il est très bien. Et puis, au fur et à mesure, s'il commet des erreurs, s'il se laisse aller, s'il n'arrive pas à franchir certaines étapes comme équipier, alors, il doit partir. »

## Dis-moi tu... ou vous ?

Au GIGN, les rapports au quotidien – à l'entraînement comme en opération – sont marqués par une très grande proximité. L'usage fait que les sous-officiers se tutoient entre eux et que les officiers font de même. Il arrive que le tutoiement soit utilisé entre sous-officiers et officiers, notamment quand ils ont fait ensemble les épreuves de sélection, puis la longue période de

24. *Assurer la sécurité privée d'une soirée ou celle d'une personne.*

formation avant d'être brevetés. Alors : tutoiement et vouvoiement au GIGN ?

« En opération, le tutoiement apparaissait assez naturellement. Après, de retour à la caserne, c'était le vouvoiement, se souvient Denis Favier (1992-1997 et 2007-2011). Aujourd'hui, quand je revois les anciens, on se tutoie. J'estime qu'au niveau du commandement, le vouvoiement est la plus belle forme de respect. Chez TotalEnergies[25] où je suis aujourd'hui, je tutoie tout le monde parce que c'est la règle dans l'entreprise mais je vouvoie un ancien du GI, Jean-François, qui est également chez TotalEnergies »[26].

« Tutoiement ou vouvoiement, il y a un peu de tout, reconnaît Laurent Phélip, chef de l'unité de 2017 à 2020. Aujourd'hui, ça a un peu changé. Je vois souvent des officiers des forces qui tutoient les gars de leur promotion[27]. L'autorité n'est pas dans le tu ou le vous. C'est sans doute plus facile de remettre les choses en place avec quelqu'un quand on a eu l'habitude de le vouvoyer que quand on le tutoie. Quand j'ai dirigé le groupe, j'avais l'habitude de tutoyer tous mes officiers, s'ils le voulaient bien. Globalement, je tutoyais donc tous mes officiers et je vouvoyais tous mes sous-officiers. Je pense qu'il n'y a pas de règle établie. »

Un respect mutuel, c'est aussi ce qui ressort de cette relation – que l'on pourrait qualifier de subtile – entre officiers et sous-officiers. Les mots sont une chose, les actes en sont une autre. Les actes à partir desquels chacun sera jugé, évalué, et qui lui donneront la place qu'il mérite dans le groupe.

---

25. *Denis Favier est directeur de la sûreté du groupe pétrolier depuis septembre 2016.*
26. *Entretien avec l'auteur.*
27. *Une promotion au GIGN rassemble les sous-officiers et les officiers qui ont passé ensemble la sélection et qui ont été brevetés ensemble.*

# Chapitre VIII

## Jusqu'au bout de l'engagement

Depuis 1974, quatre sous-officiers du GIGN ont été tués en opération et des dizaines blessés. Si aucun officier n'a été tué en opération, trois ont été grièvement blessés à la tête, ce qui ne les a pas empêché de poursuivre leur carrière dans la gendarmerie. Le premier est Christian Prouteau. Alors capitaine et commandant du GIGN, il est touché au visage par une gerbe de 54 plombs tirés par un forcené, le 28 octobre 1980 à Pauillac, au nord de Bordeaux. En 1983, dans la Somme, le lieutenant Bruno Carmichael est frappé d'une balle de 9 mm dans la mâchoire en poursuivant un malfaiteur. Le troisième officier blessé est le lieutenant Laurent Timothée, touché au crâne par une balle de 7,65 mm, le 5 mai 1988, lors de l'assaut de la grotte de Gossanah sur l'île d'Ouvéa, en Nouvelle-Calédonie, où étaient séquestrés des gendarmes[1].

### Blessé mais debout !

Lors de l'affaire de Pauillac, Christian Prouteau ne portait pas de gilet pare-balles : « Pour négocier, j'estimais qu'il fallait pouvoir parler avec un forcené sans lui donner le sentiment d'être un robocop. » Pourtant, le forcené avait déjà blessé deux personnes en tirant avec son fusil de chasse de calibre 12 : l'huissier qui venait faire une saisie et le gendarme qui l'accompagnait.

1. Cf. le récit de l'opération d'Ouvéa dans le chapitre consacré aux grandes opérations du GIGN.

Christian Prouteau avait autorisé une équipe régionale de France 3 à filmer l'opération qui s'est déroulée pendant la nuit. Il nous livre son témoignage sur cette expérience toujours traumatisante. Un témoignage rare, étonnant, au cœur de l'action, qui en dit long sur le courage et l'abnégation de ces hommes, officiers et sous-officiers confondus, de tous ceux qui appartiennent à une unité d'intervention, de tous les soldats qui affrontent le feu. « Malheureusement, il y a eu cet incident avec l'équipe de FR3 qui a allumé le projecteur exactement dans l'axe, au moment où je m'avançais sans arme vers la porte du forcené. Le forcené a pris peur et a tiré dans l'axe du projecteur et moi. J'étais entre les deux. J'ai pris dans la tête une gerbe de 54 plombs tirée à 2 ou 3 mètres à travers la porte qui avait des petits carreaux. Le trou à travers la porte avait la taille d'un CD. On m'a retiré sept plombs de la tête. Les autres sont restés. Le tir m'a dévissé la tête. J'ai eu l'impression qu'elle explosait. J'ai eu des dents arrachées et, coup de chance, j'ai reçu les plombs au-dessus et en dessous de mes lunettes. Je n'ai donc pas pris de plomb dans les yeux. »

Christian Prouteau a le réflexe de dire à ses hommes : « Ne tirez pas, ne le tuez pas ! » Respectant ainsi la consigne qu'il avait lui-même donnée à ses hommes dès 1974 sur le « respect de la vie ». Les gendarmes retrouveront le lendemain le forcené qui s'était suicidé. C'était la première fois qu'un gendarme du GIGN était blessé en opération. Le visage marqué et la voix un peu rauque – les cordes vocales ont été touchées – de Christian Prouteau témoignent encore aujourd'hui de la violence de cette gerbe de plombs. De plus, chaque fois qu'il passe un portique de sécurité dans un aéroport, l'alarme se déclenche !

Lors de ces trois affaires, les trois officiers ne portaient pas de casque, au contraire des équipiers d'aujourd'hui qui sont protégés par un casque et une visière renforcée. Le lieutenant Carmichael, chef de mission, était en voiture à la poursuite d'un groupe de malfaiteurs et n'en portait pas non plus. Tout comme le lieutenant Timothée, ainsi que les gendarmes et les soldats des forces spéciales engagées lors de l'assaut d'Ouvéa. Hasard ou pas, ces tirs ont touché les trois hommes au visage, ce qui a fait dire à un ancien chef du GIGN, avec une bonne dose d'humour, que « La tête, c'est ce qu'il y a le plus dur chez les officiers du GIGN. »

## Jusqu'au sacrifice suprême

Depuis 1974 et jusqu'en 2023, vingt-et-un gendarmes du GIGN, et des deux unités (GSPR et l'EPIGN) qui seront rattachées au GIGN en 2007, sont morts en opération et à l'entrainement. Ces chiffres montrent à quel point l'engagement de ces hommes peut aller jusqu'au sacrifice suprême. Ils le savent. Comme ils savent que leur cohésion, la connaissance que chacun a de son camarade, est une sorte d'assurance contre la mort, contre l'accident. Aussi, quand l'irréparable se produit malgré tout, il n'atteint pas, il ne peut pas atteindre, un seul individu, mais l'ensemble du groupe. Tous vous le diront : on ne perd pas un homme, un gendarme, un soldat, mais un frère.

Fondateur du GIGN, Christian Prouteau a déploré trois morts, lors d'un entraînement, sous son commandement (1974-1982). Trois ans après la naissance du groupe, Raymond Pasquier[2] a trouvé la mort le 23 avril 1977, lors d'un exercice de franchissement entre deux immeubles à Maisons-Alfort. Jacques Henry est décédé d'une hyperoxie (taux excessif d'oxygène dans le sang), le 25 mars 1981, dans un exercice de plongée à l'oxygène au port pétrolier d'Antifer, près du Havre. Jean-Louis Maussion s'est tué, le 7 juin 1982, lors d'une chute libre, lorsqu'une suspente de son parachute s'est prise dans la pointe de sa chaussure, provoquant son écartèlement. Il est décédé au Val-de-Grâce.

« Je savais que l'entraînement devait être difficile et qu'il y avait un prix pour une formation de haut niveau mais je n'avais

2. *Son nom a été donné à la caserne du GIGN À Satory.*

pas imaginé que mes gendarmes pourraient mourir à l'entraînement, dévoile Christian Prouteau[3]. » Quand Raymond Pasquier est mort devant lui, Christian Prouteau a voulu quitter le groupe : « Ce sont les gars qui m'ont retenu en me disant : "Vous ne pouvez pas nous laisser" », ce qui lui permit de surmonter ce drame. « Pour être tout à fait honnête, la hiérarchie ne m'a pas embêté car elle s'est rendu compte de l'impact de cet accident sur moi et personne n'est venu me chercher querelle avec des questions de sécurité. »

Le patron de l'unité doit aussi gérer chaque décès avec l'accompagnement de la famille, de ses proches et aussi de ses camarades, dit Philippe Masselin (1982-1986). « Le décès d'un camarade, c'est toujours dur, ajoute-t-il, mais ça l'était encore davantage à mon époque parce que je connaissais tous les gendarmes de l'unité et leur famille. » Régulièrement, des barbecues étaient organisés avec les familles à Satory. À Mondésir, il y avait chaque année une « journée famille » où l'on discutait, on passait une journée de détente ensemble. « Quand une famille était en difficulté pour une raison ou une autre, le personnel du GIGN se resserrait naturellement. C'est un geste naturel. C'est la fibre GIGN », remarque Philippe Masselin.

« Pendant que j'étais patron du GIGN (1986-1989), j'ai perdu un chef de groupe, Patrick Berteau, mort dans un accident de moto le 20 juillet 1989 en se rendant à un entraînement », se souvient Philippe Legorjus[4]. Patrick Berteau venait, comme Philippe Legorjus, de l'escadron para. « Tu dois gérer au fond de ton cœur, mais sans te laisser emporter par l'émotion », confesse Philippe Legorjus.

Il avoue que le « pire » pour lui a été le décès de Jean-Pierre Picon, qui s'est donné la mort durant l'été 2022. Les deux hommes étaient ensemble à l'escadron para et Philippe Legorjus l'avait

3. *Entretien avec l'auteur.*
4. *Entretien avec l'auteur.*

fait venir au GIGN. Lors de l'affaire d'Ouvéa en 1988, Jean-Pierre Picon avait été pris en otage dans la grotte de Gossanah et avait réussi à protéger les autres gendarmes qui étaient sortis sains et saufs grâce à lui. « C'était un ami personnel en plus d'être un adjoint », regrette Philippe Legorjus qui confie avoir perdu son fils Mathieu en 2014 dans un accident de surf près de l'île d'Yeu. « Avec ma femme Chantal, on ne s'en est toujours pas remis mais nous nous sommes solidifiés tous les deux. Le GIGN, ça t'apprend cela aussi. »

« La mort d'un gendarme, c'est terrible », assure Lionel Chesneau (1989-1992) qui a connu celle de Jean-Michel Pignon, sept mois après son arrivée le 1er septembre 1989 à la tête du groupe. Lors d'un entraînement à Mondésir, le 7 mars 1990, Jean-Michel Pignon, chef de groupe, s'est tué lors d'un exercice aéroporté depuis un hélicoptère. « C'était le plus carré des plus carrés », souligne Lionel Chesneau[5]. Lors d'un rappel en corde lisse depuis l'hélicoptère, il lui avait manqué dix mètres de corde. « Il a été tué sur le coup et on n'a jamais compris comment c'était arrivé », lâche Lionel Chesneau.

Par ailleurs, au cours de sa carrière, il a dû annoncer à Philippe, un sous-officier de l'unité, que sa femme avait été tuée en voiture avec l'un de ses enfants par un chauffard, et qu'un autre avait été très grièvement blessé. « On a fait des pieds et des mains pour retrouver le chauffard mais en vain. » Lionel Chesneau se souvient bien de ce moment : « Il était midi et j'étais au bureau. Le téléphone sonne. On m'annonce que l'épouse et l'un des enfants de Philippe ont été tués dans un accident de la route. » Lionel Chesneau fait venir le sous-officier dans son bureau : « Quand il est entré dans le bureau et qu'il m'a vu, il a compris tout de suite. Donc, au cours de mon temps de commandement, j'ai du annoncer à une femme de gendarme que son mari était mort et à un gendarme que

5. *Entretien avec l'auteur.*

sa femme et l'un de ses enfants étaient morts », résume Lionel Chesneau.

« Dans une unité comme la nôtre, compte tenu de la proximité qu'on a les uns avec les autres, c'est comme si c'était quelqu'un de la famille. La première chose à laquelle vous pensez, c'est : "Ça aurait pu être moi." ».

La veillée funèbre, devant le cercueil de Jean-Michel Pignon, s'est déroulée dans le gymnase de la caserne. « Je n'avais jamais assisté à une telle cérémonie, et la présider, cela était très dur. » Parce que, entre le moment « où l'on vous annonce le décès de la personne et le moment où vous allez prévenir la famille, vous vous dites : "Pourquoi ça m'arrive à moi d'annoncer ça ?" »

Après la mort de Pignon et celle de la femme de Philippe, « je ne sais pas comment j'aurais réagi si c'était arrivé une nouvelle fois, avoue Lionel Chesneau. À mon époque, au GIGN, il y avait nettement plus de possibilités d'avoir un accident à l'entraînement qu'en opération. » Lionel Chesneau fait ainsi remarquer, qu'à son départ du GIGN en 1992, tous les gendarmes décédés depuis 1974, étaient décédés à l'entrainement. Le premier mort en opération sera Jean-Louis Prianon en juin 1997.

La mort au GIGN, Denis Favier, commandant du GIGN l'a connue à cinq reprises (1992-1997 et 2007-2011). Il en parle « en tant que patron du GIGN et en tant que père »[6]. L'unité « est vraiment engagée à l'entraînement et en opération », dit Denis Favier[7]. En opération, il a connu la mort de Jean-Louis Prianon tué par un forcené, le 23 juin 1997 dans la Drôme. « Les morts à l'entraînement, sont tout aussi traumatisantes », explique-t-il, car le « collectif est très fort au GIGN. Parfois, poursuit-il, les gendarmes vont assez loin lors des entraînements pour être bons en opération. »

---

6. *Jérôme, l'un des fils de Denis Favier, s'est tué le 1er juillet 2022 à l'entraînement dans un accident d'ULM, alors qu'il était capitaine à la Force intervention du GIGN.*
7. *Entretien avec l'auteur.*

## Il s'était fait un prénom

Perdre un enfant est certainement ce qui peut arriver de pire à une mère, à un père. C'est une mort inacceptable qui s'inscrit contre l'ordre naturel des choses. S'en console-t-on jamais ? Cette épreuve, le général Favier l'a malheureusement vécue, lui qui a si souvent affronté la mort. Son fils, Jérôme, était âgé de 33 ans. Il est mort en service le vendredi 1er juillet 2022 dans un accident d'ULM. Le drame s'est déroulé à l'école de pilotage de Goussainville, en Eure-et-Loir. Jérôme Favier était capitaine. Il appartenait à la Force intervention (FI). Six jours plus tard, un millier de personnes, militaires, civils, famille et proches, anciens du GIGN et représentants des autorités politiques, assistaient aux honneurs militaires rendus autour d'un terrain de football de Satory, à quelques centaines de mètres de la caserne Pasquier, trop petite pour accueillir la cérémonie. Un hommage sobre et émouvant devant une centaine de gendarmes en combinaison d'intervention bleu nuit, le revolver à la hanche et le visage masqué.

L'un des moments les plus poignants eut lieu à la fin de la cérémonie quand Denis Favier, le père de Jérôme, prit place derrière le cercueil porté par six gendarmes de la FI, tenant l'une de ses deux petites filles par la main, aux côtés d'Emmanuelle, la veuve de Jérôme Favier.

Six anciens patrons du GIGN, Christian Prouteau, Éric Gérard, Frédéric Gallois, Hubert Bonneau, Thierry Orosco et Laurent Phélip étaient également présents, de même qu'une délégation de la Force d'intervention de la police nationale (FIPN) et du Raid, des membres des forces spéciales françaises (1er RPIMA et commando Hubert) et des représentants d'unités étrangères.

Le capitaine Jérôme Favier avait à son actif 47 missions, dont 19 en tant que commandant. Nommé chef de la section 3 de la force d'intervention, le 1er août 2021, il n'était en rien un « fils de ». Il avait déjà un nom, il s'était fait un prénom.

## Un suivi des familles

« La mort, c'est toujours un traumatisme très présent qui est géré par ce collectif. » Denis Favier voit une différence entre le GIGN et les unités traditionnelles : « Passé le moment du deuil immédiat, il y a vraiment au GI un suivi des familles des victimes dans la durée. » Pour lui, quoi qu'on fasse, « le traumatisme reste fort, et les disparitions marquent profondément l'unité ». Sous ses deux commandements, trois gendarmes ont perdu la vie à l'entraînement. Deux plongeurs, Éric Arlecchini et Antonio Capoccello, ont péri le 28 novembre 1996 au large d'Agay, dans le Var, dans un exercice de plongée en eau profonde. Le maréchal des logis-chef Ludovic Riondet a trouvé la mort, quant à lui, le 8 juin 2010 en montagne, après avoir dévissé sur l'aiguille Verte dans le massif du Mont-Blanc lors d'un entraînement pour obtenir une qualification montagne.

« J'étais à la cérémonie du premier anniversaire de la disparition de Jérôme, mon fils, début juillet 2023. C'est à la fois très fort et très touchant. Cela repose sur la valeur et la richesse de l'humain. La disparition d'un camarade affecte vraiment et durablement les gens. Ça les mûrit et ça les rend différents », souligne Denis Favier.

« Au GIGN, on s'engage pour la Vie »[8], relève celui qui a mené l'assaut en décembre 1994 à Marignane. Le patron du GIGN doit alors avoir en tête qu'il faut honorer les morts plus que les pleurer. » Pour Denis Favier, « l'objectif est de toujours relever la tête, d'avoir un cap, d'aller plus loin. Dans cette unité, l'affectif est vraiment important. Il faut laisser le temps à l'émotion. Et passé le temps de l'émotion, il faut reconstruire. Le patron doit assurer le cadencement. Les gens de l'unité, ce sont des gens très sensibles. La famille est dévastée, c'est normal. Mais eux, le sont aussi. La mort fait partie de l'unité. » Pour autant, Denis Favier

8. *Depuis 2014, la devise du GIGN est « S'engager pour la vie ».*

insiste : « Il ne faut pas faire n'importe quoi à l'entraînement et prendre des risques inutiles. »

« Au GIGN, une mort à un impact très fort car les gens perdent quelqu'un de leur famille », dit Thierry Orosco (2011-2014), ajoutant avoir eu des décès à tous ses passages au GIGN, comme Cédric Zewe alors qu'il commandait l'unité. Cédric Zewe est mort noyé le 7 novembre 2013, en chutant lors de l'escalade d'un navire dans le cadre d'un exercice de contre-terrorisme maritime au large de la presqu'île de Giens, dans le Var. « Au GIGN, la mort est une catastrophe émotionnelle, à la cérémonie funèbre de Jérôme Favier, en juillet 2022, des gendarmes du GIGN étaient en pleurs », relate Thierry Orosco[9], car « ce sont des passionnés et de gros affectifs ». Et il ajoute : « La mort d'un homme du GIGN, on n'en parle pas à l'extérieur, elle reste en interne. »

Hubert Bonneau (2014-2017) était numéro 2 de l'unité lors de la mort de Cédric Zewe. « Une disparition, c'est un choc. D'abord pour la section et pour ses autres camarades », assure-t-il[10] en ajoutant : « Le patron s'implique totalement en cas de décès ou de blessés graves au sein de l'unité, en accompagnant les familles, les proches, et les camarades. » En cas de décès, il y a cet accompagnement de « frères d'armes, toujours émouvant » avec la veillée du corps à la caserne. « Quand le GIGN perd quelqu'un, il fait bloc. » Après la mort d'Arnaud Blanc[11], pour la première fois, un hommage national a été organisé à Satory pour le décès d'un gendarme d'une antenne. « C'est là, raconte Hubert Bonneau, que l'on a senti cette émotion et ce sentiment d'appartenance et d'esprit de corps qui sont très forts au sein du groupe. »

« Tous les patrons du GIGN ont dû faire face à la mort ou à la blessure d'un gendarme », rappelle Laurent Phélip (2017-2020),

---

9. *Entretien avec l'auteur.*

10. *Entretien avec l'auteur.*

11. *Pour mémoire, le maréchal-des-logis-chef Arnaud Blanc, chef de groupe à l'antenne GIGN de Cayenne a été tué le 25 mars 2023 sur un site d'orpaillage clandestin à Dorlin, à 150 kilomètres au sud-ouest de la préfecture de Guyane.*

même si lui n'a pas connu de décès lors de son commandement[12]. Il a vu mourir Jean-Louis Prianon[13]. « Jean-Louis venait du même escadron que moi, nous nous étions entraînés ensemble pour les tests. J'étais derrière lui lors de l'opération, il m'est tombé dans les bras après avoir été touché par un forcené qui avait tiré à travers la porte. La balle l'a touché dans le bras, l'os a fait tubulure et a glissé vers le cœur. » Après son décès, il est resté à Valence pour l'autopsie avant de remonter le corps à Satory.

Laurent Phélip a vécu, le décès de Cedric Zewe, « tombé de l'échelle de corde, qui n'a pas pu remonter, son gilet étant trop lourd », et a reçu sa famille dans la chapelle ardente.

Fin 1996, lors de sa première mission comme chef du détachement du GIGN en réserve d'intervention à Ouagadougou (Burkina Faso) pour un sommet France-Afrique, les deux plongeurs Éric Arlecchini et Antonio Capoccelo disparaissent en Méditerranée. Alors jeune capitaine sortant de stage, Laurent Phélip connaît à peine les gens du groupe. Il rassemble les gendarmes du détachement, en majorité des plongeurs, pour leur annoncer la mort de leurs deux camarades : « Je vois que certains ont vite la larme à l'œil. Pour un plongeur, quelqu'un qui reste sous l'eau, c'est terrible. C'est une des morts les plus horribles, on suffoque et on a le temps de se voir mourir.

« Dans tous les métiers des armes, on sait qu'il peut y avoir la mort derrière. Comme lorsque l'on perd un gendarme en montagne, lors d'un suraccident au bord de la route, quelle que soit la situation, ce n'est jamais le moment, c'est toujours injuste », dit Laurent Phélip. Pour lui, ce qui est spécifique au GI, c'est que, très souvent, la mort intervient non pas en mission mais lors d'un exercice. « Dans ce cas, c'est encore plus dur. Parce que l'on pousse nos exercices encore plus loin pour qu'ils soient le plus proches de la réalité, note-t-il. On peut aussi s'en

12. *Entretien avec l'auteur.*

13. *Jean-Louis Prianon est le premier gendarme du GIGN tombé en mission. Le 23 juin 1997, il avait été mortellement blessé par un forcené dans la Drôme.*

prendre qu'à nous-mêmes, on a été trop loin, on a été imprudents, ce qui est différent de "mourir au champ d'honneur". On sait aussi que le lendemain, s'il faut repartir, on repartira », conclut-il.

« La mort provoque toujours un sentiment d'échec, même si j'ai bien conscience qu'il y a une part de fatalité », dit Ghislain Réty, patron du GIGN depuis l'été 2020[14], en ajoutant : « On ne s'y habitue jamais ». Lors de son premier passage au GIGN en 1996, il va connaître dans les mois suivants son arrivée trois décès : ceux à l'entraînement des plongeurs Antonio Capoccello et Éric Arlecchini, et celui, en opération, de Jean-Louis Prianon. « Trois décès sur les 80 hommes que comptait le GIGN à l'époque ! », fait-il remarquer. Sous son commandement, il y aura les décès de Jérôme Favier et d'Arnaud Blanc.

« La force du groupe, c'est de continuer à vivre avec. Je ne sais pas si cela nous renforce mais en tout cas, on parvient à surmonter ces drames, assure le général de division Réty. Après un décès, j'ai un devoir de cohésion envers l'unité et un rôle social envers la famille » : accompagner les camarades du mort et sa famille dans la durée jusqu'à ce que les enfants aient un travail. Emmanuelle Favier et Delphine Blanc seront accompagnées très longtemps, ainsi que leurs enfants. Ghislain Réty est toujours en contact avec Martine, l'épouse de Jean-Louis Prianon, ou avec Hugo, le fils d'Antonio Capoccello.

« Nous devons aussi poursuivre un travail de mémoire et de retex (retour d'expérience) pour savoir pourquoi c'est arrivé et éviter que cela se reproduise, comme le cas de la mort d'Arnaud Blanc en Guyane. » Après chaque décès, Ghislain Réty estime que des enseignements techniques et tactiques en ont été tirés « Le décès de Jean-Louis Prianon est vraiment dû à la fatalité, mais aujourd'hui, avec un forcené, on n'hésitera pas à reculer si nécessaire, ce qui n'était pas le cas avant. » La négociation,

14. *Entretien avec l'auteur.*

qui permet d'obtenir aujourd'hui la reddition dans 80 pour cent des cas, ou le recours à un chien d'assaut seront privilégiés. Les entraînements d'escalade d'immeubles, sont systématiquement faits avec des systèmes de retenue en cas de chute : « On y perd un peu en dépassement de soi mais on y gagne tellement en nombre de blessures et de décès... »

Le GIGN a également tiré les leçons des séances de tirs à balles réelles avec des gens au milieu, au cours desquelles des gendarmes ont été blessés. Désormais, le GIGN recourt à des munitions non létales. Dans le cas où des munitions létales sont prévues, personne ne doit se trouver dans le dispositif lors des tirs.

## Chapitre IX

## Négocier coûte que coûte

Moins spectaculaire que l'intervention, la négociation est un outil essentiel du GIGN pour mettre fin à une crise. Dans la très grande majorité des cas, la négociation parvient à obtenir la reddition ou l'interpellation d'un forcené ou d'un voyou récalcitrant.

L'essentiel, sans doute, réside dans cette volonté d'aller jusqu'au bout du possible pour que le sang ne soit pas versé, d'un côté comme de l'autre. Le soldat, gendarme ou pas, appartenant ou pas au GIGN, n'est pas là pour tuer. Rien à voir, on le sait, avec un shérif, prêt à dégainer son six-coups pour que force reste à la loi. La parole, les mots, plutôt que les balles ; ce n'est pas le *leitmotiv* du seul négociateur mais aussi celui du patron de l'opération.

Souvent, l'intervention concerne un forcené, certes dangereux, mais qui a perdu tous ses repères, tout ce qui faisait de lui un homme « normal », civilisé. Avant sa reddition, la réussite, la satisfaction de l'équipe est d'être capable de le ramener à la raison. Malheureusement, on sait que face à certains extrémistes dont le but ultime acceptable est la mort, les mots seront de peu de poids. Cependant, au cours de la crise, la négociation apporte du renseignement, notamment à propos de la personnalité du forcené, de son environnement familial et social, ou de la disposition de l'endroit où il se trouve. Ce renseignement, mis à jour tout au long de la négociation, permettra de caler l'intervention puis de déboucher sur la reddition ou l'interpellation du mis en cause.

Empirique aux débuts de l'unité, la négociation n'a cessé de se professionnaliser. Elle peut aujourd'hui se dérouler par téléphone depuis un PC de crise, un véhicule ou un hélicoptère, ou de vive voix derrière une fenêtre ou une porte, et même au sein de la colonne d'assaut. Car ce sont des opérationnels, ou d'anciens opérationnels, de l'intervention qui remplissent cette fonction.

La cellule négociation a été créée au début des années 1990. Très vite, les négociateurs vont se former à cette spécialité qui nécessite patience, psychologie, sens de l'observation, qualité d'écoute, modestie et discrétion. Avec une obligation : le choix des mots en fonction de son interlocuteur et de l'évolution de la crise. Au fil des années, les capacités des négociateurs du GIGN se sont considérablement étoffées. Actuellement, la cellule nationale de négociation (CNN) du GIGN intervient sur un très large éventail de crises : forcenés, prises d'otages, enlèvements de Français en France et à l'étranger, extorsion de fonds, attentats, ransomwares[1], cyberattaques. Cela a représenté plus de six cents missions en 2021 !

Aujourd'hui, la cellule nationale de négociation, regroupe quatre coordinateurs, une quinzaine de négociateurs de crise répartis dans les quatre sections de la Force intervention (FI) et qui sont mobilisables 24 heures sur 24. La CNN a formé quelque 350 négociateurs régionaux répartis sur l'ensemble du territoire, qu'elle peut piloter à distance lors d'une crise.

La négociation est primordiale, elle augure de la nature même de l'intervention, comme l'expliquent les anciens commandants du GIGN.

« Lors d'une intervention, la phase de la négociation est capitale, car elle permet de gagner du temps, estime Christian

---

1. *Ou rançongiciels, c'est à dire le blocage de fichiers d'une entreprise privée, d'une collectivité locale ou d'un hôpital par internet, avec demande de rançon payée souvent en bitcoins.*

Prouteau, créateur de l'unité. Une reddition, c'est l'aboutissement d'un moment où l'esprit l'emporte sur la force. La négociation est aussi indispensable pour préparer une action éventuelle, toujours dans le principe fondateur de l'unité, le respect de la vie. »

Pour Denis Favier, « la négociation reste un outil essentiel dans le cadre d'un dispositif d'intervention. La négociation est donc consubstantielle à l'intervention. Elle va permettre d'obtenir des renseignements pour préparer un éventuel assaut et peut-être même obtenir la reddition du forcené ou la libération des otages sans assaut. On ne négocie pas pour négocier. La négociation doit être faite par des opérationnels. Aujourd'hui, la négociation est toujours nécessaire avec un forcené, mais de plus en plus difficile avec des terroristes qui ne veulent en aucun cas négocier. »

« Quand il n'y a pas d'otage, tu as le temps et tu peux travailler la négociation, précise Philippe Legorjus, chef du GIGN de 1986 à 1989. À mon époque, il n'y avait pas de négociateur professionnel, c'étaient des gendarmes de l'unité qui avaient des dispositions naturelles pour négocier, comme Jean-Pierre Picon. Le nom de celui qui allait négocier n'était pas fixé à l'avance : ce pouvait être le patron de l'unité, le chef de l'équipe d'intervention, ou celui qui était le plus près du forcené. Quand tu te fais tirer dessus par le type d'en face, tu crées finalement un lien ! Même si c'est un lien un peu agressif. Je me souviens qu'on disait à l'époque : "Quand on commence à te tirer dessus, c'est le commencement de la négociation."

« J'aimais bien la négociation. On testait le forcené en le provoquant à des endroits différents de sa maison. On apprend vite à voir ce qu'il a dans la tête. C'est passionnant. Tu cherches à savoir comment la maison est faite, tu cherches tous les modes de pénétration possibles. En même temps, tu reconstitues le passé du forcené. Pourquoi il en est arrivé là. Y a-t-il des gens de sa famille qui peuvent avoir de l'influence sur lui ? Tu fais tout ce travail d'ingénierie sociale pour comprendre la personne et tu te poses la question du meilleur moment pour intervenir. »

Septembre 1992. Éric Gérard (chef de l'unité de 1997 à 2002) est officier en second du GIGN dont Denis Favier vient de prendre le commandement. Une très grosse mutinerie, doublée d'une prise d'otages massive, se déclenche le 8 septembre au centre pénitentiaire de Moulins-Yzeure[2] dans l'Allier où sont détenus des condamnés à de longues peines. Une quarantaine de gendarmes du GIGN se déploient sous le commandement d'Éric Gérard, chef de mission. Le lendemain, après de longues négociations, le GIGN donne l'assaut et libère les otages.

« C'est lors de cette opération que je me suis dit qu'il fallait absolument que la négociation soit professionnelle, explique Éric Gérard. Le premier officier du GIGN à avoir eu l'idée d'une négociation professionnelle est Thierry Orosco.[3] J'étais persuadé que la négociation devait être un outil dans les opérations. Je me souviens que Thierry Orosco me disait : "La négociation, il faut que ça soit professionnel, il faut former les hommes." Je garde cette idée à l'esprit. Avec l'accord de Denis, je lance une cellule négociation avec une petite équipe d'opérationnels volontaires. Nous sommes d'abord allés à l'escadron spécial d'intervention belge[4] dirigé par Éric Liévin (le groupe Diane), pour partager une formation avec eux car ils possédaient déjà une cellule négociation. La négociation qui était enseignée était surtout de type Fort Chabrol, avec une dimension psychologique et technique.

« Ensuite, nous avons commencé à travailler avec Jean-Pierre Veyrat, spécialiste en analyse comportementale. Nous avons réfléchi à la manière d'intégrer la négociation dans le déroulement d'une opération, articulée avec le commandant de l'opération et les personnels. C'était un travail d'orfèvre. La première opération où l'on a fait intervenir les gendarmes formés comme négociateurs nous a permis d'obtenir la reddition du forcené. Nous étions plutôt contents. Mais quand on est revenu à l'unité, un problème

2. Cf. p. 105.
3. *Qui sera chef de l'unité de 2011 à 2014.*
4. *Créé la même année que le GIGN en 1974.*

s'est vite posé. Des opérationnels qui n'avaient pas négocié, sont venus me demander : "Alors maintenant, c'est avec des négociateurs que l'on va faire les opérations ?" C'était une réussite pour nous mais l'élément d'intervention n'avait pas bougé. Le GIGN est une unité avec l'esprit pionnier mais il lui faut un temps d'adaptation pour s'approprier toutes les nouveautés.

« J'avais compris que le temps où l'officier – qui est aussi chef de mission – est en même temps négociateur, avait vécu. Même si des officiers – comme Philippe Legorjus – avaient des facilités pour la négociation, j'avais la certitude que celle-ci devait se professionnaliser avec des personnels qui ne devaient se consacrer qu'à cela. Le chef de mission devait avoir la compréhension de l'outil de négociation mais il devait rester chef de mission. Celui qui négocie ne doit pas commander et celui qui commande ne doit pas négocier. Très vite nous avons donc lancé la cellule négociation et très bien nous en a pris. Il y a donc eu un choix au GIGN qui a été fait de façon pragmatique, en choisissant les négociateurs parmi les opérationnels. Dans de nombreuses unités, les négociateurs viennent de tous les horizons, comme des psychologues, mais ce ne sont pas d'anciens opérationnels. Au GIGN, nous avons gardé cette spécificité de négociateurs venus de l'intervention, même si la négociation s'est professionnalisée. »

Thierry Orosco (2011-2014) garde également un souvenir particulier d'une prise d'otages dans une prison, celle de la centrale de Saint-Martin sur l'île de Ré.

« Je décris au préfet mon plan d'assaut d'urgence et je lui confie que nous allons parler à la grille de la prison avec le leader de la prise d'otages. Le préfet m'annonce : "Mon capitaine, je vais avec vous, c'est moi qui négocie." Je lui rétorque : "Monsieur le préfet, c'est une mauvaise idée." Il me répond : "Pourquoi vous me dites ça, j'ai déjà négocié avec... la CGT." Je lui lance : "Contrairement à ce que vous pensez, la négociation, c'est un vrai métier." Il insiste malgré tout pour venir. Il y avait un grand vacarme dans la prison, comme à chaque mutinerie. Nous étions en combinaison d'intervention et casqués. Le préfet, en costume, demande alors aux mutins : "Qui est le chef ? Je viens discuter." De l'autre côté de la grille, le chef des mutins, un colosse de deux mètres, pointe du doigt le préfet en lui disant : "Toi, tu te barres, on ne parle qu'entre hommes." Le préfet m'a regardé puis a tourné les talons. Il n'avait pas compris que ce n'est pas uniquement parce qu'on s'exprime bien qu'on peut négocier.

« La première fonction de la négociation, c'est... d'acheter du temps[5] pour élaborer un plan à partir du renseignement que le négociateur va recueillir à notre profit. Quand on négocie avec un forcené, on voit où il est, derrière le volet. C'est déjà un très bon renseignement. Il n'y a rien de pire qu'un forcené qui ne parle pas : parce qu'il est à son pic d'excitation, qu'il s'est déjà suicidé, qu'il n'est plus là ou qu'il est en train de tuer quelqu'un. Tant que tu parles avec lui, tu peux espérer obtenir sa reddition par la négociation. Pendant la négociation, tu n'abandonnes pas pour autant les autres options. C'est pour cela que quand on commande, on ne négocie pas. Il ne faut pas que le décideur soit dos au mur quand il négocie. Le négociateur doit toujours avoir la possibilité de dire au forcené qu'il se retourne vers son chef pour lui transmettre ses exigences.

« Un jour, depuis mon bureau, je vois passer et repasser deux négociateurs dans le couloir. Je me dis qu'ils ont quelque chose en tête. Ils entrent et m'annoncent de but en blanc : "On voudrait vous demander de suivre des cours d'hypnose." De prime abord, je me voyais mal parler à un forcené avec un pendule en lui disant de le regarder... Ils m'en disent davantage, et notamment que l'hypnose et la programmation neurolinguistique[6]ont été développées par des spécialistes et qu'elles pourraient être utiles

5. *Gagner du temps.*
6. *La PNL s'intéresse à la façon dont les humains fonctionnent dans un environnement donné, et ce en fonction de leurs schémas comportementaux.*

dans certains processus de négociation. Ils m'ont demandé de financer ces formations.

« Aujourd'hui, la négociation est très bien construite. C'est l'exemple du travail abouti, réalisé par Éric Gérard et validé académiquement par une formation universitaire. Les négociateurs au GIGN sont devenus de véritables experts. Ne l'oublions pas, avant d'attaquer le cycle de la formation à la négociation, ce sont avant tout des opérationnels de l'intervention. Donc, lorsqu'un négociateur du GIGN parle avec un forcené, il n'y a pas besoin de lui expliquer ce qui se passe derrière. Il sait très bien qu'il y a des tireurs à tel endroit, la colonne à un autre. Pour autant, le négociateur ne doit pas être au courant de ce que fait le chef de l'opération. Il doit savoir globalement ce qui se passe mais pas plus : ce n'est pas la peine de lui rajouter de la pression. »

Certaines « négos » sont parfois très complexes et nécessitent de la part du négociateur de grandes qualités d'écoute pour influencer son interlocuteur, voire plus. Ainsi, par exemple : « Lors de certaines prises d'otages, il faut tenir compte du syndrome de Stockholm[7] et de son effet induit. L'otage, au bout d'un moment, pense qu'il est davantage en sécurité avec son preneur d'otage. Ce syndrome se traduit par le fait que lors d'un assaut, si les forces d'intervention crient : "Tout le monde couché !" et que le preneur d'otages lance : "Tout le monde debout !", les otages vont se lever. On dit que le syndrome de Stockholm ne fonctionne que lorsqu'il n'a pas été commis de violences sur les otages. Cela étant, il y a un effet indirect du syndrome de Stockholm : le preneur d'otages peut, à son tour, être inhibé par ce fameux syndrome. Il aura ainsi plutôt tendance à ne pas faire mal aux otages. Le rôle du négociateur est donc aussi d'instiller le syndrome de Stockholm au preneur d'otages.

7. *Propension des otages, ayant partagé longtemps la vie de celui qui les retient, à sympathiser avec lui et à adopter son point de vue.*

Par exemple, le négociateur peut demander au preneur d'otages ce qu'il veut manger, lui faire apporter une baguette de pain avec du beurre et des tranches de jambon. Se pose alors la question de qui va faire les sandwichs ? Le preneur d'otage ou les otages ? Si ce sont ces derniers, le preneur d'otages aura tendance à faire moins de mal à ceux qui lui auront fait un sandwich. »

Dans une négociation, il y a toujours un second négociateur qui surveille le premier pour être certain que celui-ci n'est pas sous le coup du syndrome de Stockholm.

« Les négociateurs connaissent les délais fixés par le forcené. Ce sont des éléments importants. Le chef de l'opération fait confiance au négociateur. Le GIGN est construit à l'inverse de la culture anglo-saxonne qui différencie les unités de négociation des unités d'intervention. Au GIGN, on estime que la négociation n'est qu'une partie de l'élaboration de la manœuvre. Elle est donc totalement dans la main du chef. »

Ce que n'osent pas dire par humilité les patrons du GIGN, c'est toute la noblesse, la part d'humanité qui se cachent dans cette volonté de négocier. Négocier jusqu'au bout du possible, pour que le sang ne soit pas versé, pour que la force reste à la parole plutôt qu'au fusil. Et si tel n'est pas le cas, le gendarme pourra avancer en ayant la certitude d'accomplir ce qui est juste.

# Chapitre X

## L'incontournable débriefing

Dès les premiers mois après la création de l'unité en 1974, Christian Prouteau, en bon officier formé à l'École militaire interarmes (EMIA), a imposé la tenue d'un débriefing à l'issue de chaque opération

En langage militaire, « débriefer » signifie dresser le bilan d'une mission avec les militaires qui y ont participé[1]. Au GIGN, les sous-officiers et les officiers débriefent donc oralement, dès la fin d'une opération, avant de recommencer plus longuement les jours suivants à l'unité. Ce débriefing n'a rien à voir avec le rapport écrit de l'opération qui sera rédigé ultérieurement par le chef de mission. « C'était très important, explique Christian Prouteau. Tout le monde en prenait pour son grade. J'abordais tout ce qui, selon moi, n'avait pas ou mal fonctionné. Il fallait que les gens soient nommés pour pouvoir se remettre en cause : ils n'aimaient donc pas les débriefings. On lavait notre linge sale en famille. Je n'ai jamais été mis en cause puisque c'est moi qui mettais en place les schémas tactiques. Je savais que si ça n'avait pas fonctionné, c'est parce que le garçon avait été trop lent ou parce qu'un autre n'avait pas eu la réactivité nécessaire. Le but, n'était pas de punir. »

Après l'opération de Loyada[2] où il avait dirigé le détachement du GIGN et commandé le tir simultané contre les terroristes,

1. *Définition du dictionnaire* Petit Larousse.
2. *Voir le récit détaillé dans le chapitre consacré aux grandes opérations.*

Christian Prouteau raconte qu'il n'y a pas eu de débriefing avec la Légion étrangère ou avec les autorités militaires et civiles, la Gendarmerie était alors rattachée entièrement au ministère des Armées. Il a adressé un rapport sur l'opération à la direction de la Gendarmerie. Ce rapport a permis au GIGN d'obtenir un fusil de précision FR-F1 par homme, au lieu d'un pour deux avant Loyada.

Philippe Masselin, successeur (1982-1986) de Christian Prouteau, a repris et perfectionné cette procédure de débriefing. « Il y avait, dit-il, un débriefing à l'issue de l'opération, une fois le matériel reconditionné, parce qu'il fallait pouvoir repartir immédiatement. Ce débriefing informel, d'une durée de 15 à 20 minutes, se tenait avec tous les personnels pour avoir les premiers éléments à chaud de la façon dont ils avaient perçu l'opération, comment les moyens avaient été employés et ce qu'il aurait peut-être fallu faire à tel moment ou à tel endroit. Le lendemain, c'était un débriefing beaucoup plus poussé à partir de plans, de documents sonores et de photos, des comptes rendus des autorités ou des gendarmes locaux. On rentre alors dans le détail du détail en disséquant toute l'opération. Pour des opérations complexes, le débriefing est beaucoup plus pointu. Il servira de base au rapport, rédigé dans les jours suivants et adressé aux autorités de la Gendarmerie "qui ont droit d'en connaître[3]". Ce rapport relate le déroulé de l'opération, tire les enseignements comme le matériel à renouveler ou le nouveau matériel à concevoir, et met en valeur les personnels mis dans des situations critiques[4]. »

Après Ouvéa en avril 1988[5], il n'y a pas eu de débriefing sur place pour le GIGN car Philippe Legorjus, à l'époque chef du GIGN et commandant le détachement du groupe à Ouvéa, et son adjoint Jean-Pierre Picon avaient dû se rendre immédiatement

3. *Règle limitant le partage d'une information aux personnes qui disposent du niveau d'habilitation nécessaire et de la nécessité de connaître cette information.*
4. *Entretien avec l'auteur.*
5. *Voir le récit détaillé dans le chapitre sur les grandes opérations.*

à Nouméa pour participer à la conférence de presse organisée autour du ministre Bernard Pons. Il ajoute qu'il n'y avait pas eu non plus de débriefing avec le 11$^{e}$ Choc de la DGSE, le principal intervenant lors de l'assaut de la grotte de Gossanah. Les autorités militaires avaient refusé au GIGN la tenue d'un débriefing avec le 11$^{e}$ Choc dont c'était la première opération depuis qu'il avait été recréé l'année précédente.

Philippe Legorjus a rédigé, dans l'avion du retour à Paris, son rapport remis une semaine après l'opération « Victor » à la direction de la gendarmerie. Un rapport publié intégralement quelques semaines plus tard dans *Le Monde*.

Quinze jours après l'opération, il y a eu un grand débriefing en présence de toute l'unité à Satory. « Tout s'est dit et rien n'a été laissé de côté », assure Philippe Legorjus, y compris les regrets des gendarmes du groupe qui n'avaient pas participé à l'opération d'Ouvéa parce qu'ils avaient été déployés sur la Grande-Terre (l'île principale de la Nouvelle-Calédonie) pour prévenir d'autres violences. Au sein du GIGN, raconte Philippe Legorjus, il y a eu ensuite pendant des mois des discussions internes, souvent très vives. Par ailleurs, il faut noter que le GIGN a débriefé longuement l'opération « Victor » pour le compte du 22$^{e}$ SAS britannique et de la Delta Force américaine.

Lionel Chesneau (1989-1992) est un fervent défenseur du débriefing auquel il reconnaît une grande utilité, notamment quand il est réalisé à chaud. « J'ai découvert les débriefings au GIGN et j'ai tout fait pour que cela perdure. C'était très important. On faisait un débriefing sauvage après l'opération, souvent au restaurant. Quand on terminait une intervention, il arrivait que le restaurateur du village nous fasse à dîner dans l'urgence avec ce qu'il avait. On pouvait perdre deux heures mais, en fait, on ne les perdait pas ! Tout sortait, sans aucune idée de hiérarchie, de tactique. »[6]

6. *Entretien avec l'auteur.*

Après Marignane, en décembre 1994[7], Denis Favier, qui a mené l'assaut au milieu de ses hommes, avoue aujourd'hui n'avoir jamais pu mener le débriefing complet de l'opération « tant elle était complexe ». Pour lui, personne ne pouvait avoir une vue exacte de ce qui s'était passé. Il conclut : « Ce débriefing reste impossible à conduire. » Même si, trois mois plus tard, toutes les grandes unités d'intervention étrangères réunies à l'École militaire à Paris, ont pu profiter – à leur demande – du retour d'expérience de cette opération qui a rendu célèbre le GIGN dans le monde entier.

« Chaque opération nous fait grandir quand il y a un "retex", un retour d'expérience », affirme Éric Gérard (1997-2002). Retex, un mot souvent utilisé pour débriefing. « Chaque opération nous fait progresser, qu'elle soit une réussite, un échec total ou un échec partiel grâce à ce fameux retour d'expérience. Il y a toujours des choses à dire. Est-ce que l'on s'est bien préparés ? Est-ce que l'on a perdu du temps dans l'alerte ? Est-ce que l'on avait les bons équipements. A-t-on employé la bonne technique ? Fallait-il utiliser d'autres munitions ? Car il n'existe pas deux opérations qui se ressemblent. Au GIGN, nous avons des modes opératoires et des processus de décision, et non pas un schéma unique que l'on place sur chaque opération. »[8]

A contrario, pour Hubert Bonneau (2014-2017), « même si le débriefing est utilisé depuis très longtemps, il reste compliqué à mettre en œuvre[9].

« C'est un exercice conduit depuis toujours. Je l'ai beaucoup pratiqué lorsque j'étais à l'EPIGN (1991-1998). Si l'on fait un débriefing pour dire que tout s'est bien passé, ça ne sert à rien ou à pas grand-chose. Je suis persuadé que l'on peut et que l'on doit tout se dire. Lors du premier débriefing, juste après l'opération, l'officier doit pouvoir s'entendre dire de la part d'un

7. *Voir le récit dans le chapitre sur les grandes opérations.*
8. *Entretien avec l'auteur.*
9. *Entretien avec l'auteur.*

sous-officier : "Ça a merdé, on n'a pas compris ce que vous avez demandé." L'officier, lui aussi, doit être capable d'asséner : "Tu n'as pas respecté tel fondamental." Dans un débriefing, le sous-officier doit pouvoir expliquer à son chef qu'il n'a pas compris l'aspect tactique.

« Aujourd'hui, lors du second débriefing, on réunit le chef des opérations, le patron de la force engagée et le commandant du GIGN, sans oublier le responsable de la section, et les gradés (les sous-officiers) pour établir les points positifs et les points négatifs. On pourra ainsi en tirer la quintessence de l'opération, et notamment des enseignements d'un point de vue tactique et technique.

« C'est plus compliqué quand le patron a été engagé sur l'opération. Ce qui a été le cas avec Dammartin pour lequel j'ai fait un débriefing. J'ai donc dit les choses telles que je les avais vues. Quand l'opérateur de première ligne exprime ce qu'il a ressenti, il faut que ses supérieurs soient capables de l'entendre. Je n'ai jamais trouvé gênant qu'un gendarme émette des doutes : "Je n'ai pas compris pourquoi nous sommes intervenus là et pourquoi à tel moment." Il faut être à l'écoute et expliquer. Les chefs doivent faire un effort vers les opérateurs de terrain et inversement. »

L'opération du GIGN à Dammartin-en-Goële contre les deux frères Kouachi, en janvier 2015[10], a effectivement fait l'objet, selon Hubert Bonneau, d'un débriefing à chaud d'une demi-journée, deux jours plus tard, entre les forces de l'unité présentes le 9 janvier 2015. En février 2015, un grand débriefing d'une journée devant toute l'unité s'est également déroulé dans un amphithéâtre. Des enseignements ont été tirés de cette réunion. Comme celui de la mise en place, à la demande de la direction de la gendarmerie, en cas d'attentats multi-sites, d'équipes de six personnels pour lancer des assauts immédiats. Des équipes capables de travailler « sous le feu » et acheminées par des

10. *Voir le récit dans le chapitre sur les grandes opérations.*

4x4 blindés de la marque Centigon. Ces véhicules résistants aux balles de kalashnikov et aux grenades et emportant six gendarmes, sont munis d'une trappe sur le toit permettant des tirs de riposte. « Nous sommes revenus à ces équipes de six comme aux tout débuts du GIGN ! », dira même Hubert Bonneau à propos de cette disposition qui a été mise en place suite à l'opération de Dammartin. L'autre enseignement important qui suivra le débriefing de janvier 2015 est que le GIGN a probablement engagé trop d'effectifs devant l'imprimerie de Dammartin-en-Goële, même s'il disposait sur place d'hélicoptères de transport qui lui auraient permis de se redéployer rapidement.

Même si certaines opérations n'en ont pas connu, le débriefing est néanmoins entré dans les mœurs du GIGN. Il ne viendrait à personne aujourd'hui l'idée d'en contester les vertus ! Ne dit-on pas qu'on apprend toujours de ses erreurs...

# Chapitre XI

## Sans regret ni reproche

Passer de l'action et de l'urgence quasi quotidiennes à une vie plus paisible et abandonner la « confrérie » pour laquelle on s'est tant investi ne sont jamais des choses simples. Pour certains, le départ relève du déchirement, ou presque, pour d'autres du cours normal d'une carrière, pour d'autres encore du soulagement pur et simple. Mais pour tous, sans exception, quelles que soient les raisons du départ, la rupture est un choc, un changement de rythme, d'état d'esprit qu'il faut savoir gérer, d'autant que la plupart des patrons du GIGN ont totalisé une dizaine d'années de présence dans l'unité, de leur premier passage comme officier adjoint à leur commandement, en passant par le poste de numéro deux. Une vie, en somme...

Ainsi, pour Christian Prouteau, quitter son commandement afin d'aller à l'Élysée fut difficile : « Je n'ai pas voulu aller à l'Élysée dans un premier temps, confie-t-il. J'ai fait en une semaine la mission qui m'avait été commandée, celle de créer le GSPR, la même durée qui m'avait été accordée pour créer le GIGN. Quand j'ai présenté mon dossier, André Rousselet, le directeur de cabinet du président Mitterrand m'a alors dit : "C'est parfait, le dossier est accepté. C'est vous qui commanderez le GSPR." Je lui ai répondu : "Je ne vais pas à l'Élysée." Rousselet a insisté : "Vous n'avez pas le choix, vous êtes militaire, il faut obéir." Le 4 juillet 1982, j'ai reçu un ordre de mission pour être détaché à la Présidence de la République. J'ai gardé le commandement administratif du GIGN parce que j'avais besoin du GIGN pour former le GSPR. »

Le capitaine Paul Barril a fait l'intérim du commandement opérationnel en attendant l'arrivée de Philippe Masselin.

Son de cloche radicalement différent pour Lionel Chesneau. « À la fin de mon commandement (1989-1992), je n'en pouvais plus ! se souvient-il. Quand j'ai quitté l'unité, j'étais mentalement usé. J'étais physiquement en pleine forme, mais j'avais atteint mes limites. Je n'y arrivais plus. J'avais tout donné. Je suis parti sans regret. J'ai été nommé pour trois ans à Tahiti : j'y suis resté dix ans. »

On pourrait qualifier le départ de Thierry Orosco de plus naturel, plus serein : « Quitter son commandement (2011-2014) du GIGN, explique-t-il, c'est la fin de quelque chose mais en même temps, c'était la troisième fois que je partais du GIGN et je commençais à être vacciné !, glisse-t-il.[1] Sauf que, cette fois-ci, tu sais que tu ne reviendras pas. Quand tu deviens patron, tu sais que cela a une fin. Donc tu t'y prépares. Tu sais que tu en as pour trois ou quatre ans. Ce qui était important pour moi, c'était que mon successeur puisse faire sa vie au GIGN. Je suis parti en me disant que le GIGN était plus performant et bien adapté à la menace de l'époque. Je continue à m'intéresser à ce qui se passe au GIGN mais en sachant que le groupe évolue et que ce qui a été vrai de mon temps ne l'est plus aujourd'hui, bien qu'un forcené se traite toujours de la même façon. »

« Pour moi, en 1998, il avait été d'abord difficile de quitter l'EPIGN où j'avais passé sept années absolument extraordinaires[2], se souvient Hubert Bonneau, patron du GIGN de 2014 à 2017. J'avais alors fait mon deuil des unités d'intervention. Toute l'expérience que j'ai eue à l'EPIGN, j'ai essayé de la mettre

1. *Entretien avec l'auteur.*
2. *Entretien avec l'auteur.*

à profit dans mes postes suivants. Cela a été un bonheur, car je ne m'attendais pas à revenir au GIGN en 2011. Les six ans passés à l'unité ont été un bonus extraordinaire. Je suis reconnaissant aux chefs de l'époque de m'y avoir nommé comme numéro 2, puis comme numéro 1. Quand j'ai quitté le GIGN en 2017, pour être tout à fait honnête, après six ans d'une intensité rare et sans beaucoup de répit, j'en suis parti certes avec quelques regrets mais aussi avec d'énormes satisfactions. Commander le GIGN, c'est comme conduire une Formule 1 : quand on a fini, on enlève le volant, les rétroviseurs et le casque. Je me suis donc dit que je devais profiter de tous ces acquis pour faire quelque chose après le GIGN. Je suis très fier d'avoir commandé ces hommes. Je n'ai pas eu de plus grand honneur que d'avoir été patron du GIGN. Je me suis astreint à ne jamais faire de commentaires sur l'unité après mon départ. Mais je continue à m'y intéresser pleinement. Quand j'ai été directeur des opérations et de l'emploi (DOE), j'ai fait le maximum pour aider le groupe dans sa transformation en GIGN 3.0. »

Laurent Phélip (2017-2020), quant à lui, a vécu son départ avec beaucoup de philosophie. Il est vrai qu'il est parti trois fois du GIGN ! « La première fois, je pars en ne pensant pas du tout que je reviendrai le commander, parce que nous sommes cinq officiers. Il y a donc très peu de chance que l'on revienne commander le GI. La deuxième fois, je m'en vais après avoir été le chef de l'état-major opérationnel et je me fais cette réflexion : "Pourquoi ne pas revenir ?" Quand on part pour toujours, c'est très personnel. Certains sont toujours très enthousiastes et d'autres voient toujours le mauvais côté des choses. Pour tout dire, je suis parti un peu frustré par les choses que je n'avais pas pu faire, mais j'ai quitté l'unité dans de bonnes conditions. Je suis parti sur un autre poste de commandement, celui du Cossen (Commandement spécialisé pour la sécurité nucléaire). J'ai souhaité rester en Région parisienne et j'y ai été maintenu. Je n'avais donc aucune raison d'être mécontent de mon sort.

« Cela étant, je comprends qu'on puisse penser : "Ce sera difficile d'avoir mieux que le GIGN." J'ai été patron du GI, personne ne me l'enlèvera jamais. Pour autant, il ne faut pas rester sur : "J'ai fait ce qu'il y avait de mieux." Car, si l'on a encore dix ou quinze ans à faire en gendarmerie en attendant que cela se passe, on ne le vit pas bien. Aujourd'hui, en regardant les postes qui peuvent m'être donnés, je me dis que je ne sais pas si je trouverai la même passion et la même intensité que celles que le GIGN m'a apportées. À cet égard, la réflexion que m'a faite un jour l'un de mes proches est intéressante : "Toutes les années où tu auras été au GI, tu n'as jamais dit : je vais au boulot mais : je vais au groupe." Peut-on en dire autant de n'importe quel travail ? »

Servir au GIGN n'est pas un boulot. Tous ceux qui l'ont dirigé, et tous ceux qui ont appartenu à cette unité, seront certainement d'accord avec Laurent Phélip. Pas un boulot, mais alors quoi ? Un sacerdoce, une passion dévorante au sein d'une famille à jamais unie ? Peut-être un peu tout cela à la fois. Peut-être aussi cet ordre chevaleresque auquel on ne rend jamais l'écu et l'épée reçus lors de son adoubement. Comme un vœu qu'on ne trahira jamais. Un serment qui autorise à s'asseoir autour de la table.

## Chapitre XII

## Quelle vie après le GIGN ?

Ne jamais couper les ponts, même si la vie n'a plus tout à fait le même goût lorsque l'on quitte le GIGN pour poursuivre sa carrière en gendarmerie ou pour entamer un autre parcours professionnel. Les anciens, patrons, officiers et sous-officiers, ne rompent donc jamais totalement avec l'unité. Ils se rendent régulièrement aux cérémonies, remettent les brevets aux nouveaux entrants et gardent le contact entre eux. L'histoire est une ligne continue, ainsi se transmettent le savoir et la tradition pour que le passé ait un sens.

À 79 ans, le père fondateur du GIGN Christian Prouteau, assure être toujours consulté par la direction de la gendarmerie sur les dernières évolutions du groupe, comme en 2020 à propos du rattachement des antennes au GIGN central. « J'ai commandé le GIGN d'août 1973[1] à juillet 1982, date de la création du GSPR, soit pratiquement autant que Denis Favier[2]. Je considère que cette unité est mon enfant. C'est pour moi une sorte de responsabilité morale que de suivre son évolution. »

Nommé préfet hors cadre en 1985 par François Mitterrand, Christian Prouteau a écrit quatre livres portant sur le GIGN et ses années passées à l'Élysée. Aujourd'hui, il préside l'Association des anciens, amis et actifs du GIGN (AAAGIGN), donne des

1. *Date à la quelle il a été chargé officiellement de créer l'unité.*
2. *Onze ans en deux commandements.*

conférences en France et à l'étranger, et intervient régulièrement sur Cnews, la chaîne d'information en continu.

Après son départ de Satory à la fin de son commandement (1982-1983), Philippe Masselin a poursuivi sa carrière dans la Gendarmerie. D'abord comme commandant de la compagnie de Créteil, avant de faire quatre années au Centre de perfectionnement de la police judiciaire de Fontainebleau (CPPJ) où il a entamé la modernisation de la formation et des matériels de police technique et scientifique, à la suite de l'affaire Grégory. Après Fontainebleau, Philippe Masselin a été affecté à l'IRCGN où il a fait des expertises en anatomie médico-légale. Suivront le commandement du groupement des Landes, l'ambassade de France à Bruxelles comme attaché de défense adjoint, le commandement en second de la Gendarmerie maritime, celui de l'École de gendarmerie de Fontainebleau (sécurité routière et police judiciaire). Il quittera la Gendarmerie avec le grade de général de brigade, en février 2012, après trente-huit ans de service. Une carrière très variée et bien remplie. Aujourd'hui âgé de 70 ans, il passe une retraite heureuse en Normandie.

À la fin de son commandement (1986-1992), Philippe Legorjus quitte la Gendarmerie. « J'ai repris ensuite une activité sur des thématiques proches de mes années au GIGN. J'ai donc fait du conseil en management des risques et en intelligence économique[3]. J'ai ensuite basculé dans le secteur du développement durable, puis dans la culture des algues. Je participe à une meilleure alimentation de mes contemporains et à leur bien-être au travers de la cosmétique. »

Il dirige aujourd'hui, à 72 ans, la société Algolesko qu'il a créée en 2013 et cultive des algues dans le Finistère Sud, commercialisées jusqu'au Japon. « Je suis devenu un passionné de l'entreprise. Aujourd'hui, c'est l'agriculture de la mer. Mais demain, j'ai déjà un autre projet. »

3. *Entretien avec l'auteur.*

Après son commandement du GIGN (1989-1992), Lionel Chesneau part pour trois ans à Papeete – il y restera vingt ans – comme commandant de compagnie des Îles du Vent qui comprennent Tahiti et Morea, soit 80 pour cent de la population de la Polynésie.

« Après ce poste, je savais que j'allais devoir intégrer un bureau à la direction de la Gendarmerie nationale à Paris. J'avais terminé tout ce que je pouvais souhaiter faire en gendarmerie[4]. Après l'élection en mai 1995 de Jacques Chirac[5], j'ai été détaché auprès de l'homme politique Gaston Flosse. J'ai pris ma retraite de la Gendarmerie le 1er janvier 2000 après vingt-cinq années de service, dont dix ans de GIGN, et j'ai continué avec Gaston Flosse jusqu'en juin 2004, date du renouvellement de l'Assemblée de la Polynésie où il a été battu. J'ai alors changé d'horizon pour la publicité. J'ai vendu des espaces publicitaires dans les magazines pour le Samu, les Sauveteurs en mer ou pour des associations de handicapés à Tahiti et en Nouvelle-Calédonie, et ce jusqu'en 2022.

« Maintenant, je suis en vacances, je vis seul et je me balade. Je suis globe-trotter depuis juillet 2022. » À l'été 2023, Lionel Chesneau, 69 ans, déménageait pour la 56e fois. Après les pays nordiques, il déambulait à l'été 2023 sur la Route de la soie, quelque part en Asie.

Lorsque Denis Favier quitte son second commandement du GIGN (2007-2011) avec les trois étoiles de général de division, il poursuit sa carrière dans la Gendarmerie. Il prend alors la tête de la Région de Gendarmerie d'Île-de-France (2011-2012) avant d'être nommé conseiller gendarmerie du ministre de l'Intérieur Manuel Valls. Il sera directeur de la Gendarmerie d'avril 2013 au 31 août 2016. Quelques jours plus tard, Denis Favier rejoindra le groupe Total comme directeur de la sûreté.

4. *Entretien avec l'auteur.*
5. *Grand ami de Gaston Flosse.*

Aujourd'hui, à 64 ans, il assure : « Le GIGN m'a tout apporté, même dans ma vie d'aujourd'hui, je gère les crises comme j'ai géré des crises au GIGN. »[6]

« Quand j'ai quitté le commandement du GIGN (1997-2002), j'ai été affecté (2002-2004) aux affaires réservées dans le cabinet de la ministre de la Défense Michèle Alliot-Marie, avant d'être détaché (2004-2006) au Quai d'Orsay, au Centre d'analyse et de prévision (CAP)[7], raconte, pour sa part, Éric Gérard[8]. Au bout de deux ans au CAP, j'avais l'impression d'avoir fait mon temps au sein de la Gendarmerie. La diplomatie, dont nous avions beaucoup parlé avec l'ambassadeur Xavier Driencourt, rencontré lors d'une mission en Malaisie en 2000, m'attirait particulièrement. Le Quai d'Orsay me propose alors de candidater pour un poste de conseiller des affaires étrangères, donc de diplomate[9]. J'entre alors au Quai d'Orsay et, à l'automne 2006, le directeur général de l'administration décide de créer un service de la sécurité diplomatique pour les représentations diplomatiques à l'étranger et les sites en France. On me confie ainsi la création du Service de sécurité diplomatique (SSD) qui fut une très belle expérience professionnelle et humaine. Je l'ai dirigé jusqu'en 2013, date à laquelle j'ai été nommé consul général de France à Marrakech où j'ai servi pendant quatre ans avant d'être consul général de France à Alger (2017-2018), puis ambassadeur en Centrafrique (2018-2020), un poste difficile mais passionnant. »

En 2020, Éric Gérard revient à Paris pour prendre la direction de la Sécurité diplomatique (DSD), précédemment dirigée par un autre ancien patron du GIGN, Hubert Bonneau. « Cette fois, je suis l'employeur du GIGN et... du RAID pour la protection des diplomates en zone de crise et la gestion de situations critiques qui peuvent affecter nos ambassades, comme ce fut

6. *Entretien avec l'auteur.*
7. *Devenu le Centre d'analyse, de prévision et de stratégie, CAPS.*
8. *Entretien avec l'auteur.*
9. *Le passage du milieu militaire au milieu politique est possible depuis la loi du 2 janvier 1970 qui facilite l'accès des militaires à des emplois civils.*

le cas récemment en Afghanistan, en Ukraine et au Soudan ! » Depuis le 1er août 2023, Éric Gérard, 60 ans, est ambassadeur de France au Tchad.

Après quinze de GIGN, dont près de six comme patron (2002-2007), Frédéric Gallois a quitté la gendarmerie pour le privé. Il a fondé d'abord la société de sécurité Gallice avec des amis, anciens de la DGSE, où il est resté sept ans. Il crée ensuite une direction sûreté au sein du groupe industriel Ortec dans trente-cinq pays. De 2019 à l'été 2023, Frédéric Gallois a été directeur d'exploitation de la Compagnie Ponant où il dirigé la flotte des 13 navires de croisières haut de gamme. Depuis août 2023, il est directeur de cabinet du groupe CMA-CGM.

Tout comme Frédéric Gallois, Thierry Orosco a quitté la Gendarmerie pour le privé à l'issue de son commandement (2011-2014). Il a rejoint Ineo (systèmes d'information et de communication, cybersécurité et vidéosurveillance), une filiale du groupe Engie, pour trois ans. En 2017, il crée Obvious technologies, une société spécialisée dans la visualisation des données numériques pour les métiers de la sécurité. Aujourd'hui, Thierry Orosco, à 62 ans, est le président d'Obvious.

En 2017, au terme de son commandement au GIGN (2014-2017), Hubert Bonneau est détaché par la Gendarmerie au Quai d'Orsay. Il prend la tête, pour trois ans, de la nouvelle Direction de la sécurité diplomatique (DSD). Cette structure assure la sécurité des emprises et des agents du ministère en France et à l'étranger, dans les ambassades, les résidences, consulats et autres Instituts français. L'une de ses missions est de participer à l'élaboration de la stratégie de sécurité de ces établissements. Il retourne ensuite à Issy-les-Moulineaux, à la Direction des opérations et de l'emploi (DOE) de 2020 à 2022. Depuis le 1er septembre 2022, le général de corps d'armée Hubert Bonneau, 57 ans, commande la Région de Gendarmerie de Bretagne.

Comme Hubert Bonneau, à qui il a succédé à la tête du GIGN, Laurent Phélip (2017-2020) poursuit sa carrière dans l'Arme. Il est affecté au Commandement spécialisé pour la sécurité nucléaire (Cossen) où il est resté trente mois. « Pour la première fois, j'avais des policiers et des civils sous mes ordres ![10] » En 2023, le général de division Laurent Phélip, à 54 ans, a été nommé chargé de mission pour les jeux Olympiques de 2024, auprès du directeur de la Gendarmerie.

Après leur départ de Satory, sur les dix anciens chefs du GIGN – Ghislain Réty est encore en fonction à l'unité –, cinq sont restés plus ou moins longtemps dans la Gendarmerie, deux servent encore dans l'Arme et trois ont quitté l'uniforme immédiatement après leur départ de Satory pour rejoindre le privé où ils mettent à profit leurs compétences pour servir autrement.

10. *Entretien avec l'auteur.*

# Conclusion

À 50 ans, le GIGN est dans la force de l'âge. Forger une réputation, une histoire, presqu'une épopée en un demi-siècle n'est jamais gagné d'avance. Il faut évidemment des circonstances, des évènements hors du commun qui puissent offrir à des hommes d'exception la possibilité de révéler l'étendue de leurs qualités, de leurs capacités, de leurs compétences qui parfois se conjuguent avec une forme d'abnégation. C'est le cas de tous ces gendarmes, hier et aujourd'hui, de ces hommes et de leurs chefs qui ont su, ensemble, faire grandir cette unité unique au monde, la faire évoluer parfois contre vents et marées. Oui – comme il a été dit dans ce livre –, il y a quelque chose qui est de l'ordre de la chevalerie dans l'histoire du GIGN. Même s'il n'existe pas une table ronde assez grande pour les accueillir, ces soldats, dont certains sont tombés au champ d'honneur, ont conquis le droit d'y siéger, en portant haut épées et écus pour défendre leur blason...

Quelle croissance ! D'une vingtaine d'hommes à ces balbutiements, le GIGN compte aujourd'hui un millier d'hommes dont il ne serait venu à l'idée d'aucun de toucher à ces deux principes, ces deux piliers : engagement pour la Vie et recherche de l'excellence.

Dans un monde de plus en plus complexe, où les menaces sont polymorphes, le GIGN reste la pointe de diamant du système de protection de la République et de tous ses citoyens. Aujourd'hui, il stoppe un convoi de drogue sur une autoroute, négocie sur le Net avec des pirates qui réclament une rançon contre les données informatiques d'un hôpital, escorte un diplomate français dans un pays en guerre, traque le meurtrier d'un gendarme dans la forêt primaire guyanaise, ramène un forcené à la raison dans une ferme de l'Eure-et-Loir, file un groupe de malfaiteurs préparant un braquage. Soit huit missions par jour pour le GIGN central et ses quatorze antennes réparties en métropole et outre-mer.

Signe de son succès, de son efficience sans cesse renouvelée, cette unité d'élite continue à recruter par une sélection draconienne, et à former à l'excellence tous ses sous-officiers et officiers pendant plus d'un an. La prochaine promotion, à l'heure où nous écrivons ces lignes sortira en décembre 2023. Une vingtaine d'hommes qui rejoindront leurs aînés à Satory dans la Force intervention (FI), la Force observation recherche (FOR) et la Force sécurité protection (FSP). Tous polyvalents, ils se spécialiseront ensuite. Ils seront chuteurs opérationnels, plongeurs d'intervention, tireurs longue distance, négociateurs, dépiégeurs d'assaut, experts en effractions, maîtres de chien d'assaut. Ils seront soutenus par des armuriers, des mécaniciens, des *Mc Gyver* du système D. Ils bénéficieront de deux centres d'entraînement. Chacun disposera, à titre personnel, d'une dizaine d'armes. Les enseignements tirés de leurs missions profiteront aussi à leurs camarades. Surtout, ils ne perdront jamais de vue les traditions de l'unité, empreintes de symboles et de valeurs, dont celle-ci, cardinale : « S'engager pour la Vie ». C'est à dire se préparer au sacrifice ultime, au don de sa personne au profit du groupe. Tout en protégeant la vie, qu'il s'agisse de celle d'un otage, d'un camarade ou d'un forcené.

À chacun sa route. À chacun son chemin. À chacun de tracer les sillons qui continueront de donner une saveur particulière à leur vie. Pas simple quand on a connu des moments exceptionnels, quand on a goûté tout le suc de l'adrénaline avec ce sens du devoir qui peut aller jusqu'au sacrifice. Quitter une telle aventure, c'est aussi réapprendre à vivre. À vivre autrement. Ce qui n'empêche pas, dans l'esprit en tout cas, de continuer à venir s'asseoir autour de cette grande table ronde imaginaire aux côtés de tous ces autres chevaliers, camarades de combat, qui eux sont bien réels et ne cesseront jamais d'exister…

# Annexes

## Les douze commandants du GIGN

Douze officiers se sont succédé depuis 1974 à la tête du GIGN. Denis Favier a commandé l'unité à deux reprises.

- 1974-1982 capitaine Christian Prouteau
- 1982-1986 capitaine Philippe Masselin
- 1986-1989 capitaine Philippe Legorjus
- 1989-1992 capitaine Lionel Chesneau
- 1992-1997 chef d'escadron Denis Favier
- 1997-2002 chef d'escadron Éric Gérard
- 2002-2007 chef d'escadron Frédéric Gallois
- 2007-2011 général de division Denis Favier
- 2011-2014 général de brigade Thierry Orosco
- 2014-2017 général de brigade Hubert Bonneau
- 2017-2020 général de brigade Laurent Phélip
- 2020 général de division Ghislain Réty

Voici les noms des vingt-et-un gendarmes du GIGN, du GSPR et de l'EPIGN, décédés en service depuis la création de l'unité en 1974. Dix-sept sont morts à l'entrainement ou lors d'un déplacement dans le cadre de leur mission et quatre ont été tués en opération.

- Raymond Pasquier (GIGN), maréchal des logis-chef, le 23 avril 1977, lors d'un accident d'escalade à l'entraînement dans la caserne de Maisons-Alfort. Son nom a été donné à la caserne de Satory où le GIGN s'est installé fin 1983.
- Claude Vernier (EPIGN), gendarme, le 8 décembre 1978, près de Pau, lors d'un accident de parachutisme à l'entrainement.
- Henri Jacques (GIGN), maréchal des logis-chef, le 25 mars 1981, au large de Fos-sur-Mer, lors d'un exercice de plongée profonde.
- Jean-Louis Maussion (GIGN), gendarme, le 7 juin 1982, à l'hôpital. Il avait été très gravement blessé quinze jours auparavant alors qu'il effectuait un saut en ouverture commandée près de Laon (Aisne).
- Robert Desplanches (GSPR), gendarme, le 30 avril 1988, dans un accident de la route, près de Roye (Somme), alors qu'il conduisait un véhicule de la Présidence de la République.
- Patrick Berteau (GIGN), gendarme, le 20 juillet 1989, à Paris en service, lors d'un accident de la route à moto.
- Jean-Michel Pignon (GIGN), gendarme, le 7 mars 1990 à Mondésir, centre d'entraînement du GIGN, lors d'une séance d'entraînement aéoporté.
- Jean-Marc Pehourcq (GSPR), lieutenant, le 26 avril 1990, lors d'une séance d'entrainement de saut de pont à Bures-sur-Yvette. Il est le premier officier d'une unité d'intervention de la gendarmerie à être tué en service.
- Éric Arlecchini (GIGN), gendarme, et Antonio Capoccello (GIGN), maréchal des logis-chef, le 28 novembre 1996, lors d'un exercice de plongée en eau profonde au large d'Agay (Var). Leurs noms ont été donnés en 2016 au nouveau dojo (salle de pratique des arts martiaux) de l'unité à Satory.

- Jean-Louis Prianon (GIGN), gendarme, le 22 juin 1997 à Valaurie (Drôme), mortellement blessé par un forcené. C'est le premier membre du GIGN mort en opération.
- Ludovic Brunet (EPIGN), gendarme, le 31 mars 1999, lors d'un accident de la route en service.
- Christophe Huet (GIGN), gendarme, le 7 juillet 1999, lors d'un accident de la route en service.
- Guillaume Anne (GIGN), gendarme, le 6 février 2002, lors d'un accident de la route à moto en service.
- Frédéric Mortier (GIGN), maréchal des logis-chef, le 19 janvier 2007 à Gensac-sur-Garonne (Haute-Garonne), tué par un forcené.
- Ludovic Riondet (GIGN), maréchal des logis-chef, le 8 juin 2010, après une chute à l'aiguille Verte dans le massif du Mont-Blanc, dans le cadre de la préparation au diplôme de qualifications techniques montage.
- Nicolas Zonca (GIGN), adjudant, le 23 septembre 2011, lors d'un accident de la route en rentrant d'un exercice nocturne.
- Cédric Zewe (GIGN), maréchal des logis, le 7 novembre 2013, lors d'un exercice de contre-terrorisme maritime en Méditerranée.
- Alain Nicolas (GIGN), à l'antenne GIGN d'Orange, le 21 mai 2016 à Gassin (Var), tué par un forcené.
- Jérôme Favier (GIGN), capitaine à la Force intervention (FI), le 1er juillet 2022, dans un accident de paramoteur, lors d'un entraînement près de Dreux (Eure-et-Loir). Fils de Denis Favier, commandant du GIGN à deux reprises (1992-1997 et 2007-2011), il est le premier officier du GIGN à trouver la mort en service.
- Arnaud Blanc (GIGN), maréchal des logis-chef à l'antenne GIGN de Cayenne, le 26 mars 2023, tué sur un site d'orpaillage clandestin à Dorlin, à 150 kilomètres au sud de Cayenne.

## L'organisation actuelle du GIGN

Cinquante ans après sa création, le GIGN est devenu une unité sans égale en Europe, articulée autour de trois grandes forces opérationnelles, de trois état-major, de cellules d'appui spécialisées et d'une division technique.

Depuis les 18 hommes de l'unité de 1974, dont un seul officier, le lieutenant Christian Prouteau, le GIGN 3.0, mis en place en août 2021, compte aujourd'hui près d'un millier d'hommes (900) et de femmes (60), dont environ 90 officiers. Il est commandé depuis l'été 2020 par le général de division, Ghislain Réty.

En 1974, à Maisons-Alfort (Val-de-Marne), les 18 gendarmes du GIGN étaient répartis en trois équipes d'intervention de 5 hommes chacune. Cinquante ans plus tard, la seule Force intervention (FI) regroupe une centaine de gendarmes, déployés au sein de quatre sections d'une vingtaine d'hommes.

Près de 420 militaires sont affectés au GIGN central de Satory, près de Versailles. Quelque 530 autres gendarmes sont répartis dans 14 antennes GIGN (AGIGN) : 7 en Métropole (Toulouse, Orange, Dijon, Nantes, Reims, Tours, Caen) et 7 outre-mer (Guadeloupe, Martinique, Guyane, Réunion, Nouvelle-Calédonie, Polynésie, Mayotte).

La Force intervention est organisée ainsi : deux sections à dominante « chuteurs opérationnels » et deux à dominante « plongeurs d'intervention ». Chaque section, structurée en groupes tactiques, dispose des mêmes capacités : antiterrorisme, prise d'otages, extorsion de fonds ou interception de go fast. Chaque semaine, deux sections de la FI prennent l'alerte. Comme en 1974, la première doit pouvoir s'engager en moins de trente minutes, la seconde dans les deux heures. Tous les membres de la FI sont formés à l'intervention spécialisée avant éventuellement d'acquérir des capacités complémentaires, comme la négociation, le tir très longue distance, l'effraction.

La Force observation recherche (FOR) est spécialisée dans l'acquisition du renseignement. Elle peut travailler aux côtés de la FI dans le cas d'une traque ou d'un go fast par exemple, mais la grande majorité de ses missions est réalisée au profit des sections de recherche et des offices centraux. Les hommes et les femmes de la FOR peuvent sonoriser un appartement, photographier de loin une personne recherchée, poser des balises sur des véhicules ou « planquer » dans une voiture ou sous un tas de branchages dans une forêt.

La Force sécurité protection (FSP) dispose d'une quarantaine d'hommes pour assurer la protection rapprochée des diplomates français dans les zones de guerre ou de crise. Ainsi, quelques heures avant l'invasion de l'Ukraine par la Russie, le 24 février 2022, une dizaine de gendarmes de la FSP, ont rejoint Kiev par la route pour renforcer la sécurité de l'ambassadeur de France Étienne de Poncins, et celle de l'emprise diplomatique. Peu de temps après, une autre équipe de la FSP gagnait Lviv, une ville ukrainienne près de la frontière polonaise, pour y installer provisoirement les diplomates français. Les jours suivants, la FSP a guidé et escorté un convoi de 300 Français et autres ressortissants étrangers, depuis Kiev jusqu'à la frontière polonaise, via Lviv.

Dans ses missions de protection, la FSP peut compter sur les renforts des gendarmes de la protection des hautes personnalités (PHP), désormais intégrés dans les antennes du GIGN. Celles-ci font désormais totalement partie du GIGN (formation, gestion, commandement) et sont devenues la force de frappe régionale de l'unité. Une de leurs missions est de faire face à des actes terroristes, à des malfaiteurs dangereux et à des forcenés. Elles peuvent aussi agir hors de leur zone pour assurer les transfèrements de malfaiteurs chevronnés, comme Redoine Faïd, lors de son dernier procès en septembre-octobre 2023 devant la cour d'assises de Paris. Elles renforcent également le GIGN central lors de grandes traques. Pour les JO de Paris 2024, des AGIGN seront ainsi intégrées au dispositif de sécurité.

L'état-major opérationnel (Emops) propose l'engagement de ces trois forces et des AGIGN ainsi que des capacités techniques (moyens spéciaux, ouverture fine, etc.) et des appuis opérationnels (équipes cynophiles, dépiégeurs, NRBC, etc.), puis assure le suivi des opérations. Soit 2500 engagements par an. L'Emops abrite également plusieurs cellules dont : la cellule préparation opérationnelle (CPO) pour la gestion des exercices majeurs interministériels ; la cellule nationale de négociation (CNN) qui anime l'activité des 450 négociateurs régionaux et les supplée en cas de crise grave : la Cellule Audit et Dossiers d'Objectifs, qui centralise près de 130.000 dossiers d'intervention et réalise les plus sensibles ; d'une cellule Veille Stratégique en charge de l'analyse de la menace, de l'OSINT, etc.

Le détachement de Gendarmerie du groupe de sécurité de la présidence de la République (GSPR), comprend une quarantaine d'hommes et de femmes, issus en majorité du GIGN central et, depuis peu, des personnels des AGIGN. Le GSPR assure la sécurité rapprochée du président de la République dès qu'il sort de l'Élysée. Il est composé à moitié de gendarmes et à moitié de policiers.

Avec ses trois forces, ses antennes et son état-major opérationnel, le GIGN comprend également des cellules d'appui spécialisées : NRBC, cynophiles, effraction, dépiégeage d'assaut et veille stratégique. Il compte aussi une division technique (moyens spéciaux, cellule innovation et systèmes d'information et de communication) qui appuie en permanence la FOR et la FI, mais aussi parfois la FSP.

Sans oublier le Centre national de formation à l'intervention spécialisée (CNFIS) qui sélectionne et forme les personnels du GIGN central et des antennes, ainsi que les tireurs d'élite de la Garde républicaine, ou des policiers et des gendarmes de forces d'intervention de pays étrangers. Ces formateurs sont tous d'anciens opérationnels du GIGN.

Le CNFIS organise par ailleurs des stages, dans le cadre de conventions, pour des magistrats de l'École nationale de la magistrature, des étudiants d'HEC ou des salariés de grandes entreprises. L'un de ces partenariats est mené depuis plus de dix ans avec l'Agence France Presse (AFP) pour ses journalistes amenés à partir en zone de crise ou de guerre.

Le GIGN est par ailleurs quasi autonome pour son soutien logistique (fret, véhicule, immobilier, etc.), financier et la gestion de ses effectifs. Pour ce faire, il dispose d'un état-major soutien finance et d'un bureau des ressources humaines. Le commandant du GIGN dispose par ailleurs d'un cabinet/rayonnement.

Lors des tests d'entrée ou pendant la formation, à l'entraînement ou en opération, les gendarmes du GIGN peuvent se blesser. L'antenne médicale spécialisée de Satory veille donc sur eux.

Dès ses premières années, le GIGN avait prévu de joindre un médecin aux gendarmes en intervention. À plusieurs reprises, ils ont pu sauver des gendarmes grièvement blessés. Ainsi, à la fin des années 1980, le lieutenant Bruno Carmichaël, touché par une balle dans la tête lors d'une fusillade avec des malfaiteurs, a été secouru immédiatement et sauvé par Claude Kalfon. Ce médecin du service de santé des Armées, détaché auprès du GIGN, a pu faire une compression à l'officier blessé qui ne s'était pas rendu compte de sa blessure.

Aujourd'hui deux binômes – un médecin urgentiste et un infirmier – sont disponibles 24 heures sur 24 pour accompagner l'équipe de première alerte et celle de deuxième alerte. Avec leurs matériels d'urgence prêts dans leurs véhicules d'alerte, ils peuvent soigner gendarmes, civils et adversaires. En intervention, ils sont intégrés à la colonne d'assaut avec casque, gilet pare-balles et moyens de transmission. Ils forment par ailleurs les opérationnels au sauvetage de combat (perfusion ou trachéotomie).

Le GIGN 3.0 entretient des relations avec de nombreux groupes d'intervention étrangers, par exemple le groupe israélien Yamam, créé en 1974, la même année que le GIGN. Le groupe Atlas, qui réunit 37 unités de 32 pays européens (certains pays étant représentés par deux unités), permet des échanges réguliers. La coopération internationale se manifeste également par des relations (formations, visites, retex) avec plus d'une trentaine de pays sur les cinq continents, comme l'Argentine, le Canada, l'Algérie, la Jordanie, l'Inde ou le Japon. La coopération avec la Russie a été suspendue.

## Remerciements

L'auteur et l'éditeur tiennent à remercier les commandants du GIGN qui ont tous accepté de consacrer de longues heures d'entretien avec l'auteur et de répondre ensuite à leurs demandes de précisions. Sans eux, ce livre n'aurait pas pu voir le jour. Un grand merci en particulier à Denis Favier et à Ghislain Réty pour leur grande disponibilité et leur patience infinie.

Composé par Facompo, Rouen

Imprimé en France par CPI Firmin-Didot
en novembre 2023
N° d'impression : 177537
Dépôt légal : décembre 2023